高等院校会计
GAODENG YUANXIAO KUAIJI ZHUANYE BENKE XILIE JIAOCAI

计算机财务管理

JISUANJI CAIWU GUANLI

主　编／王　唐

副主编／徐晓鹏　谢　军

参　编／苏健坤　方世元　陈　敏

范露露　宋玉红　刘苗苗

张晓宇

重庆大学出版社

内容提要

本书采用电子表格软件和最新财务管理案例进行介绍,有很强的系统性和实用性。本书在介绍系统的理论和财务管理模型的基础上,探讨了如何运用计算机软件工具建立各种财务管理模型,并应用模型作出定性或定量分析,为解决财务管理中的具体问题提供帮助与支持。Excel 以其在数据处理和分析方面所具有的良好普及性、标准性及兼容性而成为本课程使用的首选软件。本书主要讲授如何在 Excel 环境中进行财务管理模型的设计,并研究运用模型和分析工具(如单变量求解、规划求解、模拟运算表等)进行定量分析和作图的方法与技术。

本书从财务人员实际工作需要出发,理论结合实际,适合作为高等院校财务管理、会计、审计等相关专业的教材,也适合财务管理人员作专业岗位培训时使用。希望通过本书的学习,财务管理及相关人员能运用系统分析与设计的思想,以计算机和电子表格为工具,设计并构建完整的计算机财务管理系统。

图书在版编目(CIP)数据

计算机财务管理/王唐主编. --重庆:重庆大学
出版社,2021.7
高等院校会计专业本科系列教材
ISBN 978-7-5689-2638-6

Ⅰ.①计… Ⅱ.①王… Ⅲ.①计算机应用—财务管理
—高等学校—教材 Ⅳ.①F275-39

中国版本图书馆 CIP 数据核字(2021)第 073896 号

高等院校会计专业本科系列教材
计算机财务管理
主 编 王 唐
副 主 编 徐晓鹏 谢 军
特约编辑 龙沛瑶
责任编辑:尚东亮 版式设计:尚东亮
责任校对:黄菊香 责任印制:张 策
*
重庆大学出版社出版发行
出版人:饶帮华
社址:重庆市沙坪坝区大学城西路 21 号
邮编:401331
电话:(023) 88617190 88617185(中小学)
传真:(023) 88617186 88617166
网址:http://www.cqup.com.cn
邮箱:fxk@ cqup.com.cn(营销中心)
全国新华书店经销
重庆市国丰印务有限责任公司印刷
*
开本:787mm×1092mm 1/16 印张:11.75 字数:267 千
2021 年 7 月第 1 版 2021 年 7 月第 1 次印刷
印数:1—3000
ISBN 978-7-5689-2638-6 定价:35.00 元

前言

计算机财务管理课程是一门实践性非常强的专业课程。本书主要是以信息技术作为实现手段，以现代财务管理理论为指导，探讨如何运用计算机软件工具建立各种财务管理模型，并应用模型作出定性或定量分析，为解决财务管理中的具体问题提供帮助与支持。Excel 以其在数据处理和分析方面所具备的良好普及性、标准性及兼容性而成为本课程使用的首选软件。本书主要讲授如何在 Excel 环境中进行财务管理模型的设计，并研究运用模型和分析工具(如单变量求解、规划求解、模拟运算表等)进行定量分析和作图的方法与技术。

在内容安排上，本书讲解了在计算机环境中，获取财务信息和所需外部信息(如分析与决策所需的金融信息、同行业企业会计信息等)的方法，让读者对获取和使用数据、信息有相应的认知和常识;本书能让读者熟练掌握电子表格软件的基本操作及部分进阶操作，了解并能应用 Excel 的公式和常用函数，尤其是具备使用基本财务函数的能力;本书能培养读者绘制及美化商业图形图表的技能，并令其能够使用 Excel 数据透视表功能进行基本的数据整理及分析;本书能使读者以财务管理基本理论为指导，以 Excel 软件中的特定工具为技术辅助，从而建立模型，实现分析、预测和决策，并提出优选决策方案;本书可引导读者利用计算机财务管理模型进行反复实习，模拟现实管理环境和管理问题，有效培养学生的创造性思维，以及提高定量分析能力，从而提升综合分析问题和解决问题的专业素养。本书采用电子表格软件和最新财务管理案例，进行电子表格、财务管理模型两个方面的编写，在国内应用价值较高，推广使用性较强。

　　本书是普通高等院校应用型特色教材,适合普通高等院校财务管理、会计、审计等管理类专业的学生学习使用,也可供各级会计师事务所、企业事业单位内部机构对财务人员进行培训时使用,亦可为对财务管理工作感兴趣的其他专业人员特别是财务会计专业人员、计算机专业人员在工作中提供参考。

　　石河子大学经济与管理学院的王唐担任主编,负责本书的总体结构设计,并编写第 1 章、第 2 章、第 3 章、第 4 章;石河子大学经济与管理学院的徐晓鹏担任副主编,编写第 5 章、第 6 章、第 7 章和第 8 章;石河子大学经济与管理学院的谢军担任副主编,参与电子表格制作的主要工作。还有以下人员参与编写、制图工作,分工如下:苏健坤和方世元参与第 5 章;陈敏和苏健坤参与第 6 章;范露露和宋玉红参与第 7 章;刘苗苗和张晓宇参与第 8 章。对以上教师的辛勤工作,在此表示由衷的感谢。

　　由于编者水平有限,难免存在疏漏之处,敬请读者批评指正。

编　者

2021 年 1 月

目录

第 1 章　电子表格基本操作进阶

工欲善其事，必先利其器。若要较好地将 Excel 作为辅助工具，使之成为包括但不限于在财务管理工作中的生产力利器，扎实的基本操作必不可少。新建—编辑—保存的操作，每一个使用者都可以做到，但是，恰当应用一些方法和技巧，将会使数据的处理过程更加高效，让表格呈现更加清晰、完整和美观的信息。本章关注电子表格的进阶操作，致力于让使用者在基本操作方面拥有一个良好的起点，利于其后模型的建立和应用。

1.1　数据录入及处理操作进阶

1.1.1　各类型数字格式的录入与控制

Excel 提供了众多类型的数字格式，默认情况下，单元格录入的数字格式为"常规"，使用者亦可根据需要选择"文本""数值""时间""日期""百分比"等对单元格格式进行设置。财务管理工作需要经常处理各种不同类型的数据，以下选取财务场景中使用频率较高的几类数据，介绍在实际录入与控制中的一些具体方法与技术。

1）数值、货币与会计专用

数值格式用于一般数字的表示，货币和会计格式则提供货币值计算的专用格式。

（1）"数值"格式

在"数值"格式中可以设置小数位数，选择千位分隔符，选择用负号、红色、括号或者同时使用红色或括号显示负数。

（2）"货币"格式

功能和"数值"格式非常相似，只是另外添加了设置货币符号的功能。在单元格内，货币符号的显示位置与数字紧邻。

（3）"会计专用"格式

"会计专用"格式自动带有千位分隔符及货币符号，可以设置小数位数及选择货币符号。货币符号的显示位置在单元格前端，因此，会计专用格式可以对一列数字实现货币符号和小数点对齐。表 1-1 为不同格式下的数字显示形态示例。

表1-1　单元格不同数字格式下的数字显示形态及说明

数字格式	示　例	说　明
常规	−1 234.56	不可使用千位分隔符
数值	−1 234.56	可选是否将负值以红色字体标示
	−1,234.56	可选是否使用千位分隔符
	(1,234.56)	可选是否将负值以括号形式标示
货币	￥−1,234.56	与数值格式可选呈现形式相同,货币符号与数字紧邻
会计专用	￥−1,234.56	不可选红字字体或括号标示负值,货币符号在单元格前端

2）单元格的自定义格式

如果 Excel 内置的数字格式不能满足使用者的实际需求,使用者可以尝试创建自定义格式。途径是在“单元格格式”对话框的“数字”选项卡中,选择“分类”列表框内的“自定义”选项,在右侧的“类型”文本框中按需要输入或选择并修改代码格式。

（1）单元格文本自定义格式

使用“@”符号可实现在录入单元格的文本前后加上需要的自定义文本。这样,当需要在大批单元格中录入带有固定前缀或后缀文本的内容时,便可提升录入效率。部分文本自定义代码格式如下:

自定义文本(前缀)+录入单元格文本:“自定义前缀文本”@

录入单元格文本+自定义文本(后缀):@“自定义后缀文本”

（2）单元格数值自定义格式

在财务工作中,常常要录入单价、数量等数值型的内容,这些内容往往还需要呈现为一定的数字形态,甚至通过参与公式或函数计算来满足成本、收入、利润等项目的进一步核算要求,使用数值自定义格式可以较好地满足这些需求。部分数值自定义代码格式如下:

保留为整数:0

保留指定小数位数:0.00(小数点后 0 的个数对应保留位数)

使用千位分隔符并保留为整数:#,##0

使用千位分隔符并保留指定小数位:#,##0.00(小数点后 0 的个数对应保留位数)

以上格式通过数值、货币、会计专用等格式设置亦可实现相同效果,但数值自定义代码与文本自定义代码可以组合使用,从而实现更丰富的数字表现样式,具体见后文例表。

（3）自定义格式的其他功能

①根据正负数显示文字信息。在“自定义”选项右侧的“类型”文本框中输入“正数”“负数”“零”。则 Excel 会根据单元格内录入的具体数值显示为不同的文本,如录入“−345”则自动显示为“负数”。

2

注意：

"正数""负数""零"亦可替换为其他含关键字"正""负""零"的词语。如"为正""负值""取零"等。

②根据日期显示星期。在"自定义"选项右侧的"类型"文本框中输入"aaaa"，则Excel会将录入的日期形式的数值转化为对应的星期显示在单元格内。如录入"2020-4-8"则自动显示为"星期三"。表1-2列举了部分自定义格式的设置方法和呈现结果。

表1-2　部分自定义格式的设置方法和呈现结果

自定义格式类型	录入原始内容	具体设置方法	设置后呈现内容
在录入文本前加自定义文本	A商品	"品名:"@	品名:A商品
在录入文本后加自定义文本	成本	@"(万元)"	成本(万元)
令录入的数值保留为整数后加自定义文体	32.5	0"元/千克"	33元/千克
令录入的数值保留指定小数位数并加后缀文本	50.456	0.00"元"	50.46元
令录入的数值使用千位分隔符并保留为整数	1234.56	#,##0"KG"	1,235KG
令录入的数值使用千位分隔符并保留指定小数位	1234.567	#,##0.00"吨"	1,234.57吨
只显示表示数值性质的文字而不显示具体数值	-0.78	"正数""负数""零"	负数
将录入的日期转化为星期显示	2020-4-8	aaaa	星期三

3）格式的控制与转换

数据录入是基础性工作，使用者多数时候都会依照书写习惯来录入。但在有些情况下，Excel对数据性质的识别与其在实际场景中的性质存在差异，一些由其他途径采集或导入的数据，也往往需要进行适宜的格式处理才利于进一步编辑。必要的格式控制与转换有助于解决此类问题。

（1）分数的录入

如果按照日常书写习惯在Excel中录入分数，如"1/2""21/25"等，将会被自动识别为日期或文本格式，不仅不能呈现需要的显示效果，更无法参与进一步的运算。正确的分数录入方法是：先录入分数的整数部分（如果是不包含整数部分的真分数，则整数部分录入"0"），再录入空格键，之后依次录入分子、"/"和分母，最后以"Enter"键确认。以此方法录入的数据将被Excel正确识别为分数数值，从而在单元格内呈现为分数形式，而在编辑栏中显示为其对应的带有小数点的真实值。图1-1列举了一些分数的录入形式及显示效果。

注意：

如果录入分数的分子大于分母，如"5/2"，则Excel会自动进行换算，将其显示为整数与真分数的组合形式。

如果录入分数的分子和分母存在公约数，如"6/10"，则Excel会自动进行约分处理，将其显示为约分后的结果。

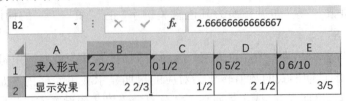

图1-1　一些分数的录入形式及显示效果

（2）形如数值的文本录入

文本通常被理解为一些非数值形态的文字、符号等，Excel将很多不能理解为数值和公式的数据都视为文本。文本的重要特征是：不能参与数值计算，但可以参与比较大小（在Excel当中，数值小于文本，文本小于逻辑值）。不过，有一些形如数值的文本，例如身份证号码、银行账号等，如果不做格式设定而进行常规的录入，将会被Excel自动识别为数值，尤其是当字符长度较长至超过10位时，还将被转化为科学计数法显示，从而无法呈现其原有的完整文本形态。对于此类数据，正确的录入方法是：

①先将要录入此类数据的单元格格式设置为"文本"，再录入数据。

②先在单元格首位录入一个单引号"'"（注意应关闭中文输入法，确保在英文半角状态下录入此符号），再录入数据。

注意：

不能先录入长字符，再将单元格格式设置为"文本"。Excel可以表示和存储的数字最大精确度为15位，超过15位的整数数字，会自动将15位以后的数字变为零，大于15位有效数字的小数，则会将超出部分截去。由于形如数值的身份证号、银行账号等文本的字符位数一般都超过15位，若颠倒设置与录入的次序，将直接造成显示结果失真，如图1-2所示。

方法	示例
方法1：先设置为文本格式再录入数据	9558822016009631717
方法2：先录入""符号再录入数据	6590012020020021231
错误方法：先录入数据（内容与B2单元格同）	9.55882E+18
再设置为文本格式	9.55882E+18
双击数据，15位之后的数据失真	9558822016009630000

图1-2　形如数值的文本录入方法（正误对比）

（3）数值型与文本型格式数据的转换

除手工录入数据外，Excel中的数据也经常通过其他途径采集或导入。现成的数据大幅节约了手工录入的时间和人力，但根据使用场景的不同需求，往往要将数值型数据转换为文本型数据，或将文本型数据转换为数值型数据。以下介绍具体的转换方法和注意事项。

①文本型转换为常规型数值数据。当某一单元格左上角有绿色小三角符号时，意味着"此单元格中的数字为文本格式，或者其前面有撇号"。将此类形如数值的文本数据转

换为可参与运算的常规型数值,有如下方法:

方法一:借助 Excel 错误检查功能右键菜单进行转换。

选中文本型数据单元格,待单元格一侧出现按钮"![]"时,点击按钮右侧的下拉箭头将显示错误检查选项菜单,如图 1-3 所示,在其中选择第二项"转换为数字",即可将数据转换为常规型数值。

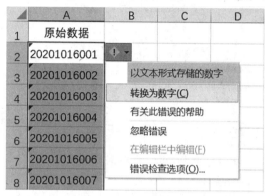

图 1-3 错误检查选项菜单

注意:

若仍想保留数据为文本类型,但不想在单元格左上角显示绿色小三角,选择此菜单中的"忽略错误"选项即可。

方法二:设置"选择性粘贴"选项进行转换。

首先选中工作表中任意一个空白单元格进行复制(菜单及快捷键"Ctrl+C"均可),再选中需要转换格式的数据区域,单击右键,在快捷菜单的"选择性粘贴"选项下选择"选择性粘贴",在弹出的对话框中选择运算"加",再点击"确定"按钮,即可完成文本向常规数值的转换,如图 1-4 所示。同理,亦可复制值为"1"的单元格,再通过"选择性粘贴"进行"乘"的运算,转换效果一致。

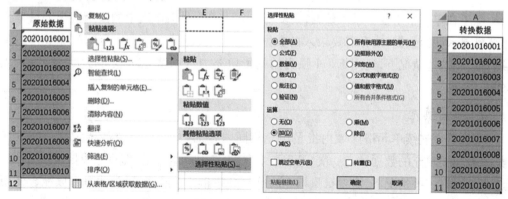

图 1-4 通过选择性粘贴进行文本型格式转换

②数值型转换为文本型数据。将个别单元格的数值型数据转换为文本型,可以直接将单元格格式设置为"文本",再双击此单元格使其编辑模式被激活,即可完成转换。实际场景中,我们经常面临的是要将一列单元格的数值批量转换为文本型,这需要用到

Excel 的"分列"功能。

首先选中待转换的数据区域,再在"数据"选项卡下的"数据工具"功能区中选择"分列"功能,在"文本分列向导"的引导下,将第三步的"列数据格式"选择为"文本",点击"完成",从而实现数值型向文本型数据的转换,如图 1-5 所示。

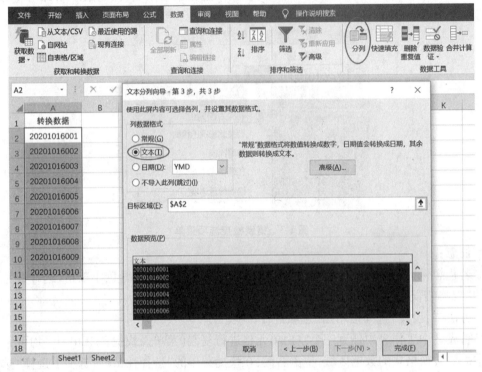

图 1-5　使用分列功能完成数值型向文本型数据转换

1.1.2　批量填充与自动填充

除了在单元格中逐个录入数据,很多场景下还需要对工作表中的多个甚至大量单元格成批录入相同数据,或者需要录入的数据虽然不同,但其中存在一定的顺序规律或关联特征,在这些情况下,运用 Excel 强大的批量填充与自动填充功能可以大幅提高录入效率。

1)批量填充

要实现在连续单元格区域内批量填充相同内容的数据,可以首先选定待填充的区域,接着将要填充的数据录入一次,最后按下"Ctrl+Enter"组合键,即可完成批量填充。

但是,在一些情况下,需要批量填充的单元格并非处于连续区域,此时可以配合使用Excel 的定位功能来实现批量填充。下面以两个应用场景为例来说明具体方法。

(1)批量填充所有空白单元格

如图 1-6(a)所示,欲将七至十二月中各月材料领用记录为空白的单元格内都以"0"值来填充,可先以鼠标操作(或使用"Ctrl+ * "组合键)选中数据区域,接着在"开始"选项卡下的“编辑”功能区中，通过“查找和选择”下拉菜单打开“定位条件”对话框，如图 1-7 所示，在其中选择“空值”，此时数据区域中的所有空白单元格处于选中状态，然后录入“0”，最后以“Ctrl+Enter”组合键完成批量填充，如图 1-6(b)所示。

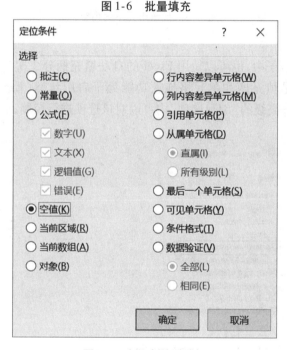

	A	B	C	D	E	F	G
1	材料种类	七月	八月	九月	十月	十一月	十二月
2	A材料	85.29		37.04	61.22	44.6	
3	B材料		62.76	9.38	60.79	89.51	63.47
4	C材料	18.65	23.93	68.49	41.25	83.49	57.54
5	D材料	51.43	18.18	17.22	27.32		48.11
6	E材料	2.59	21.89	53.23		81.11	25.86
7	F材料			12.85	48.46	98.94	
8	G材料	55.8	60.34		31.21	51.01	69.85
9	H材料	20.87	93.93	2.88	51.21	83.52	15.08
10	I材料	6.4	48.05	90.38		79.51	59.55
11	J材料	89.81	72.68	1.64	55.38	23.18	
12	K材料	74.68			59.51	74.03	35.19

(a)

	A	B	C	D	E	F	G
1	材料种类	七月	八月	九月	十月	十一月	十二月
2	A材料	85.29	0	37.04	61.22	44.6	0
3	B材料	0	62.76	9.38	60.79	89.51	63.47
4	C材料	18.65	23.93	68.49	41.25	83.49	57.54
5	D材料	51.43	18.18	17.22	27.32	0	48.11
6	E材料	2.59	21.89	53.23	0	81.11	25.86
7	F材料	0	0	12.85	48.46	98.94	0
8	G材料	55.8	60.34	0	31.21	51.01	69.85
9	H材料	20.87	93.93	2.88	51.21	83.52	15.08
10	I材料	6.4	48.05	90.38	0	79.51	59.55
11	J材料	89.81	72.68	1.64	55.38	23.18	0
12	K材料	74.68	0	0	59.51	74.03	35.19

(b)

图 1-6　批量填充

图 1-7　定位条件对话框

注意：

使用快捷键 F5 或组合键“Ctrl+G”，或通过“定位”窗口调出“定位条件”对话框。

(2)在空白单元格内批量填充不同内容

如图 1-8(a)所示，目前只填写了每一部门中第一名员工工号对应的部门名称，若要将每名员工工号对应的部门名称填补齐全，便需要分别在 3 个区域内填充 3 个不同的分部门名称。首先选中数据区域，再调出如图 1-7 所示的定位条件对话框定位数据区域中的“空值”单元格；接着在编辑栏中录入公式“=A2”(或录入“=”，后用鼠标选中 A2 单元格)，如图 1-8(b)所示；最后按“Ctrl+Enter”组合键完成各工号对应的不同分部门名称的填充，如图 1-8(c)所示。

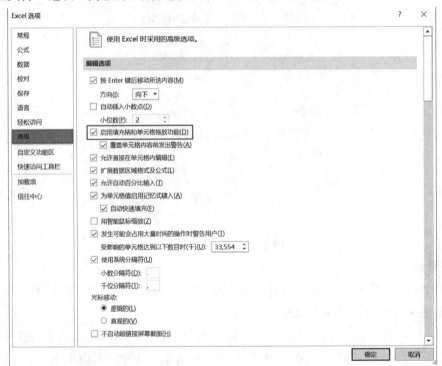

（a）　　　　　　　　（b）　　　　　　　　（c）

图1-8　批量填充不同内容

2）自动填充

在图1-8（a）的例子中，也可以使用Excel的自动填充柄分3次完成填充。该功能可以正常使用的前提是填充柄和单元格拖放功能处于启用状态（Excel默认其为启用状态），在文件—选项—高级的"编辑选项"内可以对该选项进行控制，如图1-9所示。

图1-9　填充柄和单元格拖放功能设置路径

（1）使用菜单进行自动填充

"填充"功能在Excel"开始"选项卡下的"编辑"功能区中，如图1-10（a）所示，在其下拉菜单中可以选择填充的方向，并可以通过"序列"对话窗口［图1-10（b）］对有规律特征可循的填充内容进行设置,从而实现自动填充。

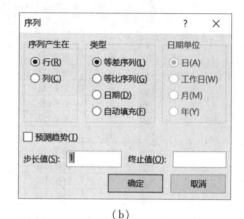

（a） （b）

图 1-10 使用菜单进行自动填充

①文本型序列填充。文本型数据的填充,只能在图 1-10(b)所示的"序列"对话窗口中选择序列产生的方向和类型。方向可以选择在行或列,类型只能选择"自动填充"。如果要填充的文本数据是 Excel 内置的序列,如天干、地支或星期、农历等,或已经在填充区域的前两个或两个以上的单元格中录入了具有一定可识别规律的序列元素,在点击"确定"之后会按序列填充,否则,在指定的行或列的方向上,填充结果将只会复制第一个单元格的内容。

②数值型序列填充。与文本型数据相比,数值型数据可以在图 1-10(b)所示的"序列"对话窗口进行更丰富的设置,从而实现等差数列、等比数列等多种不同的填充结果。在默认情况下,Excel 按等差数列进行自动填充:如果选定的填充范围内起始只有单个数值,则按步长值取"1"进行填充;如果选定的填充范围内起始已经有两个数值,则 Excel 会自动测算出两值之差并作为"步长值"进行填充;此外,可以更改序列类型为"等比数列",即可实现以"步长值"为固定比例的数列填充。特别地,无论何种填充类型,如果设定了"终止值",则无须事先选定填充范围,Excel 会按指定的序列产生方向自动填充直至终止值。

Excel 也能根据选定范围内已有的两个以上的数值,在指定的序列类型下对将要填充的数列规律进行预测,在图 1-10(b)的对话框中选定序列的方向、类型,并勾选"预测趋势"复选框,便可在选定区域内进行自动填充。

③日期型序列填充。当选定填充范围内的起始数据为日期型时,图 1-10b 的"序列"对话框中会默认选中"日期"作为填充类型,并提供"日""工作日""月""年"4 种日期跨度作为数据递增变化的单位,"步长值"和"终止值"也可以进行设置,方法同数值型序列填充一致。

日期型数据也能手动选择"等差序列"或"等比序列"作为填充序列的"类型",但是在这两种类型下无法设置多种日期单位,仅能以"日"为单位设置"步长值"。图 1-11 列举了使用菜单对文本型、数值型及日期型数据进行自动填充的效果。

	A	B	C	D	E	F
1	文本1	文本2	数值1	数值2	日期1	日期2
2	子	财务1股	2	1	2020/7/1	1900/1/1
3	丑	财务2股	5	3	2020/9/1	1900/1/2
4	寅	财务3股	8	9	2020/11/1	1900/1/4
5	卯	财务4股	11	27	2021/1/1	1900/1/8
6	辰	财务5股	14	81	2021/3/1	1900/1/16
7	巳	财务6股	17	243	2021/5/1	1900/2/1
8	午	财务7股	20	729	2021/7/1	1900/3/4
9	未	财务8股	23	2187	2021/9/1	1900/5/7
10	申	财务9股	26	6561	2021/11/1	1900/9/12
11	酉	财务10股	29	19683	2022/1/1	1901/5/26
12	戌	财务11股	32	59049	2022/3/1	1902/10/20
13	亥	财务12股	35	177147	2022/5/1	1905/8/9

图 1-11　使用填充菜单进行自动填充的部分效果

（2）使用填充柄进行自动填充

在 Excel 中，当鼠标移至任意选中区域的边框右下角位置时，鼠标指针会显示为黑色十字形符号，这就是填充柄。除了菜单以外，可以使用鼠标操控填充柄来实现自动填充效果。具体包括左键拖动填充柄、右键拖动填充柄及左键双击填充柄 3 种方法。

左键拖动填充柄，如果起始只选中单个单元格，则默认复制首个单元格的内容至所有填充区域，如果起始选中多个含序列关系的单元格，则默认按识别到的序列特征进行填充，但二者均可通过拖动结束时出现的"自动填充选项"菜单 更改填充方式，如图1-12（a）所示。

右键拖动填充柄，无论起始选中几个单元格，当拖动填充柄结束时，暂不显示填充结果，而是出现选项菜单，可在其中进行与菜单方式填充序列类似的设置，之后才显示最终填充结果，如图1-12（b）所示。

左键双击填充柄有一定的使用局限，该方法仅能完成列方向上的自动填充，且要求待填充的目标区域相邻单元格（即相邻列）存在数据且中间没有空单元格，所以双击后填充至相邻列出现第一个空单元格时就会结束，如图1-12（c）所示，同时与左键拖动填充一样，可通过"自动填充选项"菜单更改填充方式。

（a）　　　　　　　　　（b）　　　　　　　　　（c）

图 1-12　使用填充柄进行自动填充

1.1.3　记忆式键入

数据录入的一种常见情况是,在一列数据中,需要录入的数据总是重复出现的那么几项,比如专业、职称、学历等,Excel 默认提供了人性化的"记忆式键入"功能提高此类数据的录入效率,控制此功能是否开启的路径位于文件—选项—高级的"编辑选项"内,名为"为单元格启用记忆式键入"。启用此项后,在表格中的同列已经存在若干录入过的信息的前提下,再次在同列中录入与已存信息起始值相同的字符时,Excel 会自动匹配已存信息内容并显示在当前为录入状态的单元格内供使用者选用,如果选用,则无须继续录入,直接按"Enter"键即可确认录入;否则只要继续录入,原有显示会自行消失;如果已存记录中有多条记录与当前录入的起始字符一致,Excel 会一直待到当前继续录入的字符在已存记录中仅有一条记录能与之匹配,方显示唯一备选内容,如图 1-13 所示。

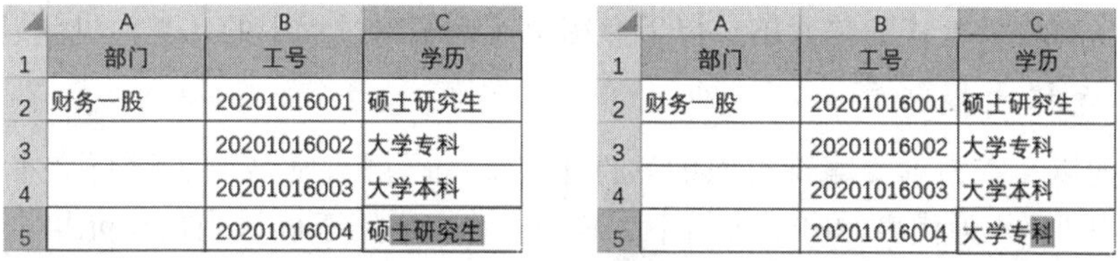

图 1-13　单元格记忆式键入

单元格记忆式键入的另一种应用方法是使用下拉列表辅助录入。与上述方法类似,在同列已存若干条录入信息的前提下,继续录入时可在当前处理录入状态的单元格内单击鼠标右键,在快捷菜单中选中"从下拉列表中选择",如图 1-14(a)所示,或者直接使用组合键"Alt+↓",可以显示包含所有已存备选内容的下拉列表,如图 1-14(b)所示。

注意:

记忆式键入的使用范围存在较大局限。第一,只适用于文本型数据的录入,而对数值型数据无效;第二,匹配文本的查找和显示均只在同一列中才有效,不能跨列进行;第三,使用此方法要求接续在同列中已存数据的单元格后连续录入,或即使有空白单元格跨越,空白单元格的同行相邻列单元格亦非空,否则无法查找到记忆式键入的匹配项。

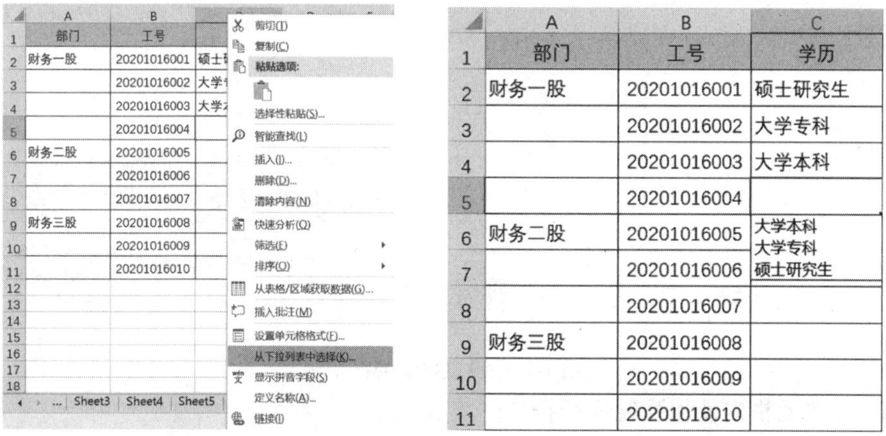

(a)　　　　　　　　　　　　　　　(b)

图 1-14　下拉列表记忆式键入

1.2 工作表编辑操作进阶

1.2.1 单元格编辑

对单元格内容进行编辑和修改操作,最常用的是 Excel 默认开启的"允许直接在单元格内编辑"的方式,如图 1-9 所示,此方式下,选中单元格可以直接进行编辑,单元格内原有内容将被覆盖;双击单元格或按下快捷键 F2,在单元格原有内容之后会闪烁"|"光标,提示从此处开始编辑数据,可根据需要调整光标位置;此外,选中要编辑的目标单元格后,也可以在 Excel 工作窗口的编辑栏中进行编辑和修改操作,这种方式尤其适用于内容较多或是含有较长公式的单元格。以下介绍单元格编辑过程中的几类常见问题。

1)单元格内换行

在其他以文本为主要编辑对象的软件中,"Enter"键最常被用于进行文本的换行操作。但在以 Excel 为代表的电子表格中,"Enter"键往往用于确认当前单元格内输入的内容并同时转向下一个活动单元格,却无法完成单元格内的换行。实际上,用适宜的方法便可以实现单元格内的换行效果。

(1)设置自动换行

当某一单元格内容较多时,可以打开"单元格格式"设置对话框中的"对齐"选项卡,在"文本控制"下勾选"自动换行"复选框,再调整列宽至适宜的显示结果即可,如图 1-15 所示。

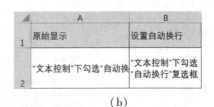

（a）　　　　　　　　　　　　　　　（b）

图 1-15　设置自动换行示例

(2)在单元格内使用强制换行符

上述设置自动换行的方法虽然可以将文本分多行显示,但有一个明显的局限,即换行的位置会受到列宽的影响,而无法由使用者控制在何处进行换行。为了突破这一局限,可以在单元格内需要换行处按下强制换行符的组合键"Alt+Enter",便可自行决定换行位置。

图 1-16 比较了在不同列宽下分别使用上述两种方法在单元格内换行的显示效果。

	A	B	C
1	换行方法	列宽1	列宽2
2	菜单设置自动换行	"文本控制"下勾选"自动换行"复选框	"文本控制"下勾选"自动换行"复选框
3	插入强制换行符"Alt+Enter"组合键	需要换行时,录入强制换行符,几乎不受列宽影响	需要换行时,录入强制换行符,几乎不受列宽影响

图 1-16 单元格内两种换行方法示例

需要注意的是,使用了强制换行符后的单元格,其"自动换行"复选框会同时被勾选,但此时与单独勾选"自动换行"的效果存在明显不同。使用强制换行符而取消勾选"自动换行"选项,则单元格内会恢复单行显示,但编辑栏中依然呈现换行后的显示效果。

2)单元格内缩进

在财务会计业务中,有时会面临同一列数据需要不同程度缩进量的情况,这就需要调整单元格内的缩进量,具体方法是打开"单元格格式"设置对话框中的"对齐"选项卡,在"文本对齐方式"下的"水平对齐"下拉列表中选择"靠左(缩进)",并在右侧的"缩进"数值微调框中根据实际需要调整数值,设置界面与调整效果如图 1-17 所示。

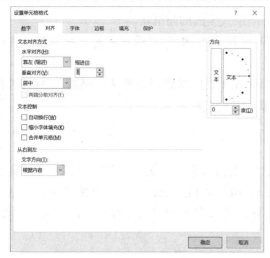

（a） （b）

图 1-17 单元格内缩进设置与效果

3)单元格内超链接的控制

在单元格中录入含有@、www、http、http://、ftp、ftp://等特殊符号的文本时,Excel 会自动为此单元格添加超链接,同时在这些数据下显示下划线,这是 Excel 的自动更正和自动套用格式在发挥作用,因为默认设置勾选了将此类 Internet 及网络路径替换为超链接,如图 1-18(a)所示。

（a）　　　　　　　　　　　（b）

图 1-18　自动套用格式控制超链接

如果不希望录入的文本被自动替换为超链接,除了在含有超链接的单元格区域单击鼠标右键,在快捷菜单中选择"取消超链接"(针对单个单元格)或"删除超链接"(针对多单元格区域)以外,还可以调整自动更正选项的设置进行控制。

录入数据后,当鼠标移至生成的超链接区域时,会在下方出现条状符号"━",鼠标移至此符号区域,将显示带有下拉菜单的自动更正选项按钮"🔽▾",在如图 1-18(b)所示的下拉菜单中选择"撤消超链接"可以取消刚录入生成的超链接。

选择"停止自动创建超链接",则当前超链接会被撤销,以后录入的含网络路径类符号的内容不再自动替换为超链接形式。

在"控制自动更正选项"中取消勾选"Internet 及网络路径替换为超链接",则当前超链接不变,以后录入此类内容不再自动替换为超链接形式。

1.2.2　行、列与工作表编辑

由单元格组成的行、列与工作表都是电子表格的重要元素,在实际应用中,伴随着单元格内容的长短变化和数据格式的丰富多样,电子表格中的行列排布直接关系到信息的显示效果是否美观清晰,此外,工作表和工作簿的数据安全问题对财务工作也至关重要,以下介绍几项与此相关的处理方法。

1)调整适宜的行高/列宽

在 Excel 工作表中,行高和列宽的单位并不相同。行高以"磅"为单位,列宽以字符为单位,若要精确设置行高或列宽,可以通过右键快捷菜单或功能区"页面布局"调整具体数字来实现;若调整行高或列宽的目的只是需要让单元格内容完整显示,则除了可以选择功能区"页面布局"选项卡下的"自动调整行高"或"自动调整列宽"来实现,还有更加快捷的方法,即选中待调整的行或列(单行、单列,多行、多列均可),将鼠标指针移至选中的任意行/列的行标号/列标号之间,待其指针显示为双向箭头"↕"或"↔"时进行双击,便可将选中的各行/列都调整为适宜的高度或宽度,调整前后的效果如图 1-19 所示。

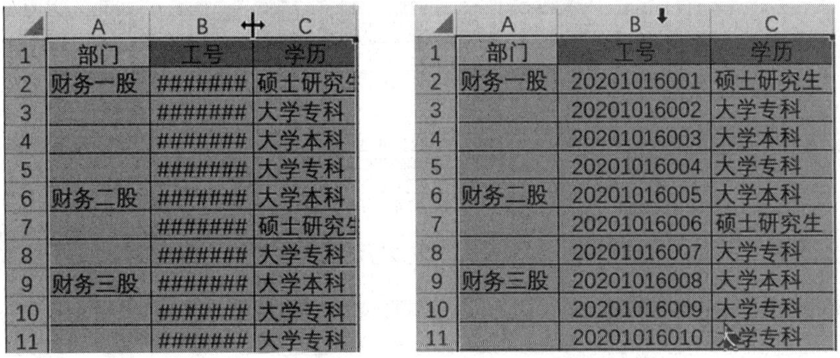

	A	B	C
1	部门	工号	学历
2	财务一股	#######	硕士研究生
3		#######	大学专科
4		#######	大学本科
5		#######	大学专科
6	财务二股	#######	大学本科
7		#######	硕士研究生
8		#######	大学专科
9	财务三股	#######	大学本科
10		#######	大学专科
11		#######	大学专科

(a)

	A	B	C
1	部门	工号	学历
2	财务一股	20201016001	硕士研究生
3		20201016002	大学专科
4		20201016003	大学本科
5		20201016004	大学专科
6	财务二股	20201016005	大学本科
7		20201016006	硕士研究生
8		20201016007	大学专科
9	财务三股	20201016008	大学本科
10		20201016009	大学专科
11		20201016010	大学专科

(b)

图 1-19　双击调整适宜的列宽

2)行、列的移动与复制

行、列的移动与复制,最基本的方法是运用菜单,分别可采用鼠标右键调用的快捷菜单和 Excel“开始”选项卡下“剪贴板”功能区的复制、剪切、粘贴等功能按钮来实现,此处不再赘述。除此之外,也可以在鼠标和键盘的配合下,更加快捷地完成。

(1)行、列的移动

选定需要移动的行/列,移动鼠标至行/列边缘的黑色边框处,待鼠标指针显示为带有黑色十字箭头形态“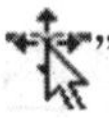”时,按住键盘上的“Shift”键不放,同时点按鼠标左键不放,拖动至目标位置,可以见到 T 形虚线,此时松开鼠标左键,可以见到行/列的移动已经完成,再松开“Shift”键即可,移动前后的效果如图 1-20 所示。

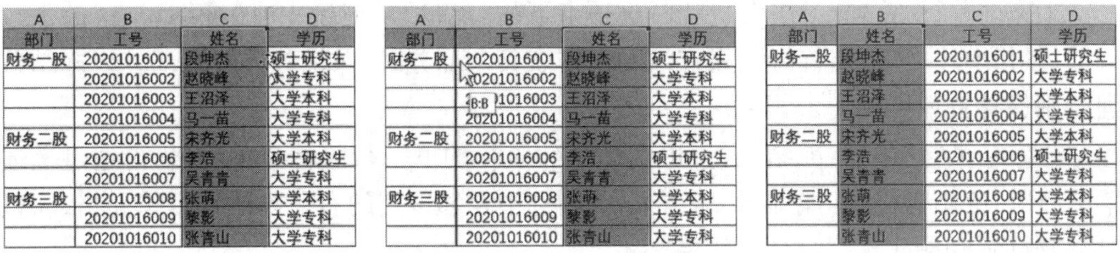

A	B	C	D
部门	工号	姓名	学历
财务一股	20201016001	段坤杰	硕士研究生
	20201016002	赵晓峰	大学专科
	20201016003	王沼泽	大学本科
	20201016004	马一苗	大学专科
财务二股	20201016005	宋齐光	大学本科
	20201016006	李浩	硕士研究生
	20201016007	吴青青	大学专科
财务三股	20201016008	张萌	大学本科
	20201016009	黎影	大学专科
	20201016010	张青山	大学专科

A	B	C	D
部门	工号	姓名	学历
财务一股	20201016001	段坤杰	硕士研究生
	20201016002	赵晓峰	大学专科
	B:B 20201016003	王沼泽	大学本科
	20201016004	马一苗	大学专科
财务二股	20201016005	宋齐光	大学本科
	20201016006	李浩	硕士研究生
	20201016007	吴青青	大学专科
财务三股	20201016008	张萌	大学本科
	20201016009	黎影	大学专科
	20201016010	张青山	大学专科

A	B	C	D
部门	姓名	工号	学历
财务一股	段坤杰	20201016001	硕士研究生
	赵晓峰	20201016002	大学专科
	王沼泽	20201016003	大学本科
	马一苗	20201016004	大学专科
财务二股	宋齐光	20201016005	大学本科
	李浩	20201016006	硕士研究生
	吴青青	20201016007	大学专科
财务三股	张萌	20201016008	大学本科
	黎影	20201016009	大学专科
	张青山	20201016010	大学专科

图 1-20　键鼠配合快捷移动列

(2)行、列的复制

使用键盘和鼠标配合进行行、列的复制,有两种方式:

一是复制并替换目标行/列的数据,选定要复制的数据行/列后,移动鼠标至行/列边缘的黑色边框处,按下键盘上的“Ctrl”键不放,可见到鼠标指针变为“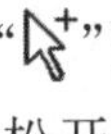”形态,此时点击鼠标左键不放并拖动选中行/列至目标位置,目标行/列会出现线框,松开鼠标左键,可以见到目标行/列中的数据已经被复制过来的数据所覆盖,最后松开“Ctrl”键即可,如图 1-21(a)所示。

二是复制行/列数据并将其插入到目标行/列,方法与上述复制并替换类似,只是需要按下键盘上的“Ctrl+Shift”组合键,拖动鼠标至目标位置,见到 T 形虚线时松开鼠标左键,即可完成复制并插入行/列的操作,如图 1-21(b)所示,最后松开键盘按键。

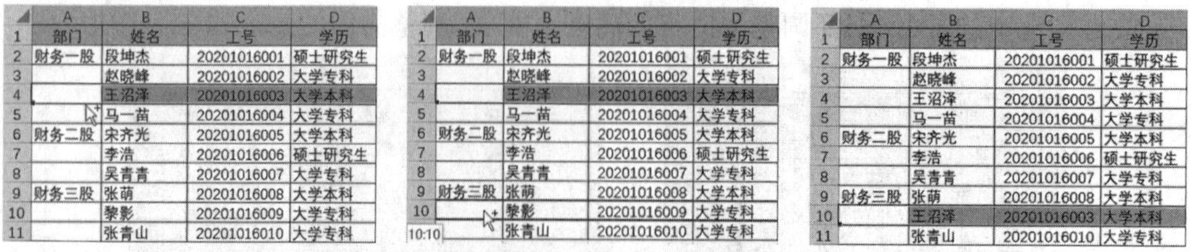

（a）键鼠配合复制行（替换）

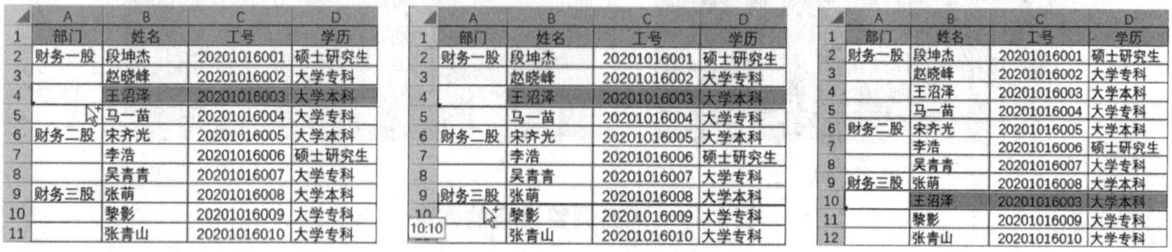

（b）键鼠配合复制行（插入）

图1-21　行、列的复制操作

注意：

上述通过键盘和鼠标配合来移动或复制行/列的方法，除了对单行/单列可行以外，也可以应用于对连续多行/多列的操作，但对非连续的多行/多列无效。

3）在工作表中冻结窗格

有些表格中数据量比较大，一屏无法显示所有行或列的数据，这就需要在滚动浏览表格时，标题行或标题列能始终固定显示，使用"冻结窗格"功能便十分必要。具体有3类情况：

①冻结首行/首列：工作表"视图"选项卡下的"窗口"功能区中有"冻结窗格"的下拉菜单，在其中选择"冻结首行"，可在滚动工作表其余部分时，保持首行可见，选择"冻结首列"，则保持首列可见。

②冻结某行/某列：冻结某行，可选中紧邻该行的下一行的首个单元格，再通过上述菜单选择"冻结窗格"功能即可，冻结某列，则选中紧邻该列的右一列的首个单元格，通过"冻结窗格"功能实现固定显示效果。

图1-22　冻结窗格

③同时冻结某行及某列:选中处于待冻结的行列交叉单元格右下方对顶角位置的单元格,再通过上述菜单选择"冻结窗格"功能,则在滚动工作表其余部分时,处于冻结行与列以上的各行和以左的各列都保持固定可见效果,如图 1-22 所示。

无论上述何种情况,被冻结行的下边缘和被冻结列的右边缘都会显示黑色冻结线条,以方便辨识,但这种线条在打印时不会出现。此外,如果需要变换冻结位置,必须先取消冻结,之后定位到新的位置,再重新执行冻结窗格操作,但"冻结首行"和"冻结首列"则不受此限。

4)工作表与工作簿的保护

在很多财务场景中,出于信息安全的需要,工作表中的数据应当部分或全部处于被保护状态,使得未经授权的操作人员不可对其进行编辑或修改,根据具体范围的不同,介绍如下几种情况:

(1)保护工作表中部分区域

单元格是工作表中的基本元素,默认情况下 Excel 单元格的状态均为"锁定",要保护工作表中部分区域,实质就是保持该区域内单元格的锁定状态,并配合"工作表保护"功能对"锁定"单元格内可进行的操作进行限制。例如,若想对如图 1-23 所示工作表中 H、I、J 3 列数据进行保护(以禁止编辑为例),首先应通过单元格格式设置对话框中的"保护"选项卡,将非保护区的"锁定"状态取消勾选,保持待保护区的"锁定"状态(如果待保护区内存在公式且希望公式不能被显示和编辑,则还应同时勾选"隐藏"项),接着打开 Excel 的"审阅"选项卡,在"保护"功能区打开"保护工作表"对话框,录入授权密码,点击"确定"后按要求再次确认密码,保护工作表区域数据不被编辑和修改的操作即完成。

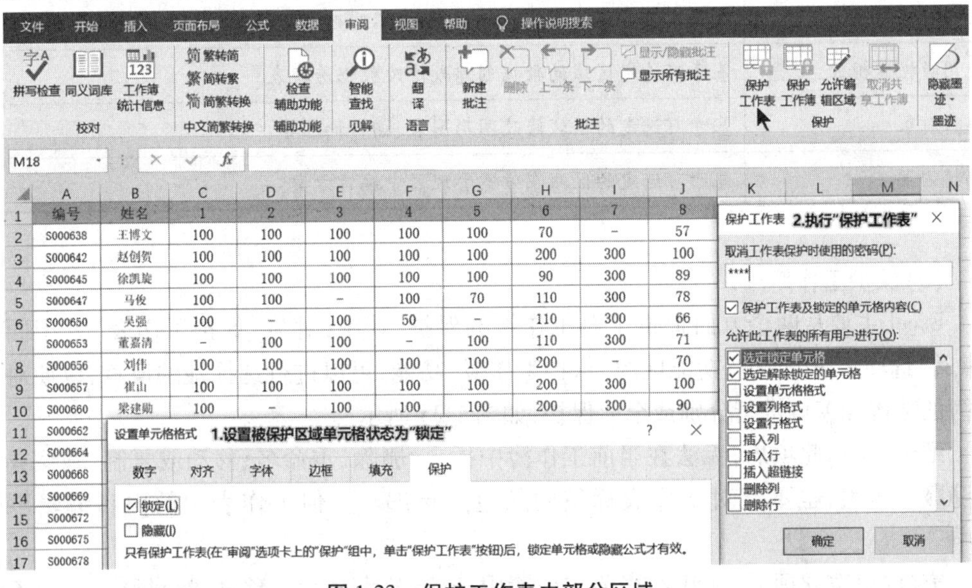

图 1-23　保护工作表中部分区域

此后,不掌握密码的使用者对保护区内的单元格只能按设置好的权限进行选择和查看,一旦试图编辑,将会弹出如图 1-24 所示的提示框而被拒绝,保护区外的单元格则一切如常。

图 1-24　拒绝编辑保护区内的单元格

（2）保护工作表

对内容进行编辑的限制只是保护工作表的一个方面,为了满足更多工作场景的需求,使用者可以通过图 1-23 中所示的"保护工作表"对话框设置更为丰富细致的保护方案,表 1-3 列举了部分具体选项的含义(含义显而易见的选项未列出)。

表 1-3　"保护工作表"对话框部分选项的含义

选　项	含　义
选定锁定单元格	单元格格式未勾选为"锁定"状态的单元格可选
选定解除锁定的单元格	单元格格式勾选为"锁定"状态的单元格可选
设置单元格格式	无论是否为"锁定"状态,均可设置单元格格式
设置列格式	对可以选定的列设置列宽或隐藏列
设置行格式	对可以选定的行设置行高或隐藏行
插入超链接	无论单元格是否为"锁定"状态,均可插入超链接
排序	对选定的未"锁定"单元格区域进行排序
使用自动筛选	使用工作表中已存的自动筛选,但不能建立新的或关闭已存的自动筛选
使用数据透视表	基于可选定区域的数据创建或修改数据透视表
编辑对象	基于可选定的区域修改图形图表、编辑批注等
编辑方案	基于可选定的区域在方案管理器中编辑方案

（3）保护工作簿

Excel 主要从两个方面提供了对工作簿的保护,其中,对与"保护工作表"处于同一"审阅"选项卡下"保护"功能区的"保护工作簿"功能,可以进行选择性的设置,以便对工作簿的结构和窗口进行分别或全面保护,如图 1-25 所示。

结构:勾选此项后,无法在当前工作簿中插入、删除、重命名、移动或复制、隐藏或取消隐藏工作表,也不能对工作表标签的颜色进行编辑。但工作表中的内容编辑不受影响。

窗口:勾选此项后,无法在当前工作簿中新建、放大、缩小、移动或分拆窗口,也不能对窗口执行"全部重排"操作。

值得注意的是,"窗口"选项仅在 Excel 2007、Excel 2010、Excel for Mac 2011 和 Excel 2016 for Mac 中可用。在其他更新版本的 Excel 中,该选项所控制的功能已迁移至"视图"

选项卡下的"窗口"功能区，如图 1-25（b）所示。

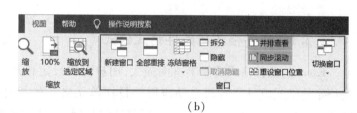

（a）　　　　　　　　　　　　　　　　　（b）

图 1-25　保护工作簿（结构与窗口）

另一种方式是对工作簿施以文件级别的保护，即为工作簿设置密码，使得工作簿可以拒绝未经授权（无密码者）的访问。具体方法是：打开"文件"选项卡，在列表中选择"信息"，继而在右侧"保护工作簿"下拉菜单下选择"用密码进行加密"，之后在弹出的"加密文档"对话框中输入密码并进行再次确认，即完成对该工作簿文档的访问密码设置，如图 1-26 所示。当下次打开该工作簿时，将提示输入密码，唯有输入正确的密码才能打开。

如果要解除工作簿的打开密码，可以依照相同步骤至再次打开"加密文档"对话框，删除密码即可。

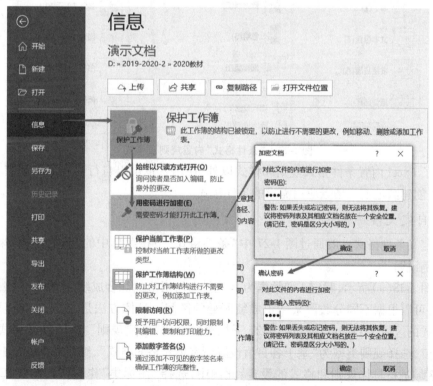

图 1-26　保护工作簿（设置打开密码）

1.3　条件格式技术应用

1.3.1　条件格式与条件格式公式

Excel 的条件格式功能丰富而强大,用户可以设定在某些指定条件被满足的情况下将特定的格式或显示效果自动应用于目标单元格。在"开始"选项卡下的"样式"功能区,"条件格式"下拉菜单提供了一些常见的规则,通过这些规则可以快捷设定某些指定条件,如图 1-27 所示。同时,该下拉菜单还内置了"数据条""色阶"和"图标集"3 类单元格内图形效果样式。

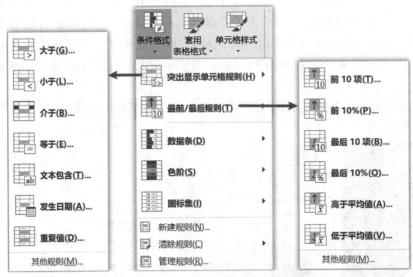

图 1-27　"条件格式"内置规则及样式

除了 Excel 内置条件格式规则和样式以外,使用者也可以自行建立规则和定义显示效果,以创建满足不同场景应用需求的条件格式。

1)自定义条件格式

自定义条件格式一般通过图 1-27 中"条件格式"下拉菜单中的"新建规则"来创建,此处举例说明。

如图 1-28(a)所示,假定 J 列数据为 B 列姓名所对应的综合成绩,借助条件格式的自建规则,可以根据不同分数段来标识成绩所处的区间。具体方法是,首先选定需要标识特殊格式的区域 J2:J16,再通过图 1-27 下拉菜单中的"新建规则"打开"新建格式规则"对话窗口,选择规则类型为"基于各自值设置所有单元格的格式",继而在下方"编辑规则说明"区域进行具体规则和格式的设定:此例中,选择"图标集"作为格式样式,Excel 在"图标样式"中内置了多套可供选择的图标样式,选择某套,并不意味着该套图标中的每一个都必须使用,可根据需要在下面的"图标"设置中选择"无单元格图标",本例中只设

置使用了一套图标中的两枚,对处于 60~90 成绩区间内的单元格则设置其不显示图标,
最终的格式效果如图 1-28(c)所示。

(a)　　　　　　　　　　(b)　　　　　　　　　　(c)

图 1-28　自定义条件格式

2)公式自定义条件格式

除了直接基于单元格的值来判断其是否符合特定规则进而设置格式以外,使用者还
可以借助公式来寻找需要特殊标示的单元格,举例说明如图 1-29 所示。

(a)　　　　　　　　　　(b)　　　　　　　　　　(c)

图 1-29　公式自定义条件格式

图 1-29(c)所示为某公司利润表的一部分,现希望标示出本年营业成本中增幅较上
年超过 10%的项目,便可通过公式定义条件格式来实现。首先选定 C8:C23 数据区域,再
通过图 1-27 下拉菜单中的"新建规则"打开"新建格式规则"对话窗口,选择规则类型为
"使用公式确定要设置格式的单元格",接着在变更为图 1-29(b)所示的对话窗口下方按
需设置公式,继而点击"格式"按钮为符合条件的单元格设置预期格式,本例中设置了填
充底纹,最后点击"确定"按钮,可见指定区域内符合公式条件的 C21 单元格被灰色底纹
填充,如图 1-29(c)所示。

1.3.2　运用条件辅助格式设置

将 Excel 内置条件格式规则和样式与使用者自定义规则和显示效果结合使用,以及

多种条件格式叠加使用,可以辅助设置更丰富的格式样式,以下举例说明。

1)内置与自定义规则辅助格式设置

如图 1-30 中 a 所示的利润表中,D 列显示了本年较上年数据的变动值,需要以数据条形态反映其增减变动情况,项目值增加则正向填充数据条,减少则负向填充数据条,并以不同颜色标示正负向数据条。具体方法是首先选定 D 列数据区域,继而在"条件格式"菜单下内置的"数据条"子菜单中选择"其他规则",随即打开图 1-30 中 c 所示的"新建格式规则"对话框,在其中选择规则类型为"基于各自值设置所有单元格的格式",并勾选下方具体规则中的"仅显示数据条"选项,其后可以通过"负值和坐标轴"按钮打开图 1-30 中 d 所示的对话框,进一步调整负值和坐标轴的格式样式,最后依次点击图 1-30 中 d 和 c 的"确定"按钮,便可实现如图 1-30 中 e 所示的预期显示效果。

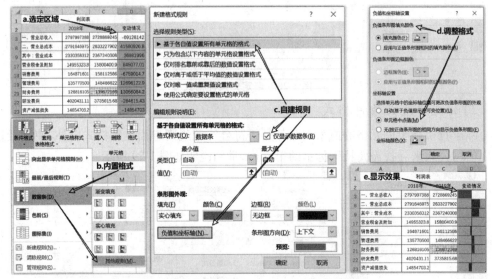

图 1-30　内置与自建规则结合的条件格式设置

2)多条件格式的叠加和优先顺序

在同一区域中,可以建立多个条件格式规则,接续上例,在图 1-30 中已经建立过一项规则,在显示出图 1-30 中 e 所示效果的基础上,对反映利润变动情况的 D 列数据新增一条规则,即项目变动值在 10000000 以内的数据不做任何标识,如图 1-31 中 a 所示,增加后,可在图 1-31 中 b 所示的"条件格式规则管理器"中看到目前作用于同一区域的有两条规则,按建立顺序的倒序排列于列表中,即最后增加的规则列于首行,可以通过箭头按钮手动调整规则的次序,点击"应用",则 Excel 将按调整完毕之后的规则自上而下逐行执行,直至每条规则均执行完毕。但是,在次序靠前的高优先级规则末尾,存在一个名为"如果为真则停止"的选项,若勾选此项,则选定区域内满足该行规则的单元格式规则执行到此为止,不再继续参与下一行及之后的条件格式规则执行。

本例中,由于对新增规则勾选了"如果为真则停止"选项,因此符合条件的 D17、D18 和 D22 单元格仅执行此行规则,显示原始数据并无任何指定格式,区域内其余单元格数据则因为经此规则判断为非真而继续参与下一规则的执行,最终效果如图 1-31 中 c 所示。

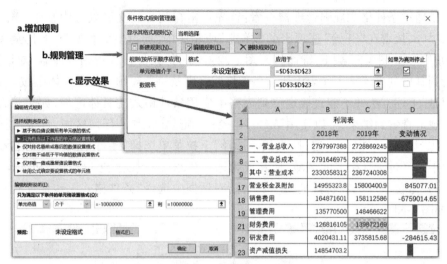

图 1-31　多条件格式叠加的执行次序

条件格式在单元格触发指定规则时才会显示,而普通单元格格式无须特别的约束条件。如果对同一区域既设置了单元格格式,又建立了条件格式规则,则最终显示样式遵循如下的优先次序:

①如果条件格式规则为真,则优先按条件格式指定的样式显示。

②如果存在多个条件格式规则,则按规则的优先次序逐行执行,其中,勾选了"如果为真则停止"选项的高优先级规则会强制停止符合条件的单元格继续向后执行规则。

③如果条件格式规则之间有冲突,则只执行优先级高的规则。

1.3.3　运用条件格式定位

建立条件格式规则和设置单元格格式都可以让电子表格呈现多种样式形态,若要从中分辨哪些是条件格式的作用结果,可以对条件格式进行定位,此外,也可以运用条件格式来定位到那些数据具有特殊意义的单元格,以下分别说明。

1)定位条件格式

如需查找设置了条件格式的单元格区域,有两种途径:

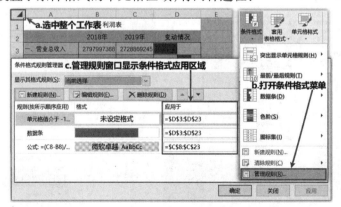

图 1-32　通过规则管理器查看条件格式区域

一是通过条件格式规则管理器查看：首先点击行列标签交叉处选中整个工作表，如图 1-32 中 a，接着在"开始"选项卡的"样式"功能区中，通过"条件格式"下拉菜单选择"管理规则"，如图 1-32 中 b，继而打开图 1-32 中 c 的"条件格式规则管理器"对话窗口，可以看到其中列出了本工作表中所有条件格式规则及每条规则应用的具体区域。

但是，上述方法并不能直接定位到表格中应用条件格式的具体区域，如果想在表格中更直观地查看到结果，可以使用第二种途径：无须选定工作表任何区域，直接在"开始"选项卡的"编辑"功能区中，通过"查找和选择"下拉菜单选择"条件格式"，即可自动定位到本表中定义过条件格式的区域，使其成为选中状态。类似地，通过"查找和选择"下拉菜单中的"定位条件"，在打开的"定位条件"对话框中选择"条件格式"，也能实现相同的结果，如图 1-33 所示。

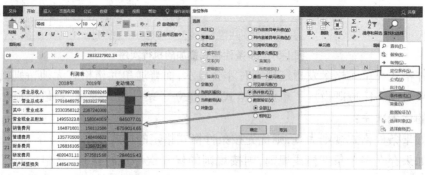

图 1-33　定位到条件格式区域

2）条件格式定位

使用条件格式可以快捷定位并标示出那些具有特殊意义的单元格，如下两例：

（1）标示低于平均值的单元格

如图 1-34 中 a 所示，首先选中 D2：D11 区域，再在条件格式菜单中的"最前/最后规则"下选择"低于平均值"，如图 1-34 中 b，接着可在弹出的图 1-34 中 c 的对话框中设置具体的显示样式，则选定区域内低于平均值的单元格被标示出来，若希望 F 列的净资产收益率也作同类标示，只需使用格式刷将 D2：D11 区域的格式"刷"至目标区域，则实现了条件格式的复制，如图 1-34 中 d 所示。

图 1-34　条件格式定位与复制

（2）标记重复值

如图 1-35 中 a 所示，A 列数据中有些产品的品名多次出现，要将出现次数不唯一的产品标识出来，可以打开"条件格式"下拉菜单，在"突出显示单元格规则"之下选择"重复值"，如图 1-35 中 b 所示，接着会弹出如图 1-35 中 c 的对话框，在其中设置标记的具体显示样式，同时可以看出，这一功能不仅可以辅助标记重复值，也提供了标记唯一值的选择。最终可见所有多次出现的品名均被标记出来，如图 1-35 中 d 所示。

图 1-35 条件格式标记重复值

附：Excel 工作表和工作簿的规范与限制

功　能	规范与限制（2016/2019/office365）
工作表上的总行数和列数	1 048 576 行 * 16 384 列
列宽	255 个字符
行高	409 磅（1 磅≈0.035 厘米）
单元格可以包含的字符总数	32 767
窗口中的窗格个数	4
页眉或页脚中的字符数	255
每个单元格的最大换行数	253
唯一单元格格式个数/单元格样式个数	64 000
填充样式个数	256
线条粗细和样式个数	256
方案中的可变单元格个数	32
规划求解中的可调单元格个数	200
撤消级别	100
数据窗体中的字段个数	32
筛选下拉列表中显示的项目个数	10 000

续表

功　能	规范与限制（2016/2019/office365）
缩放范围	10%到400%
分页符	水平方向和垂直方向各 1 026 个
工作表中的超链接	66 530 个超链接
工作簿中的颜色数	1 600 万种颜色(32 位,具有到 24 位色谱的完整通道)
唯一字型个数	1 024 个全局字体可供使用;每个工作簿 512 个
工作簿中的数字格式数	200 和 250 之间,取决于所安装的 Excel 的语言版本
排序引用的个数	单个排序中为 64。如果使用连续排序,则没有限制
工作簿参数个数	每个工作簿 255 个参数
工作簿中的名称个数	受可用内存限制
工作簿中的窗口个数	受可用内存限制
链接的工作表个数	受可用内存限制
方案	受可用内存的限制;汇总报表只显示前 251 个方案
自定义函数个数	受可用内存限制
报表	受可用内存限制
工作簿中的工作表个数	受可用内存的限制(默认值为 1 个工作表)
打开的工作簿个数	受可用内存和系统资源的限制
工作簿中的命名视图个数	受可用内存限制

注:整理自 Microsoft Office 官方网站。除打开工作簿时默认的工作表个数在此前版本中为 3 个以外,此规范与限制其余各项同时适用于此前至 Office 2007 的各 Excel 版本。

第2章　公式与函数

数据的整理和分析在包括财务管理在内的很多行业内都有广泛的应用场景，其中，公式与函数的正确运用往往能令这一过程事半功倍。在熟悉电子表格基本操作的基础上，本章对公式与函数的基本规则、类型和单元格引用知识进行介绍；并对常用函数的名称及用法分类枚举；特别地，对于财务与会计工作中常用的函数及其各参数含义做详细讲解。理解并掌握公式与函数的这些相关知识将对进一步运用他们分析和解决问题起到重要作用。

2.1　公式与函数基础

2.1.1　公式与函数的基本规则

在基本的表格数据录入和菜单功能的执行之外，往往需要借助公式与函数来对初级的数据进行加工和处理，从而进一步形成有价值的信息以供使用者参阅，这一过程必须遵循一些基本的规则。

1）公式基础

Excel 的公式是以"＝"作为起始标志，由数据和运算符按一定的顺序组合而成的序列，序列中可以包含函数，也可以没有函数，但必须返回相应的计算结果。

（1）公式的构成要素

公式的构成要素可以包括"＝"、各类运算符、引用位置、名称、函数、常数等，只要单元格未被设置成"文本"格式，均可以"＝"为起始，在单元格或编辑栏中输入公式。各构成要素组成的公式枚举见表2-1。

表2-1 公式的构成要素举例

	A	B	C	D	E
1	构成要素	公式举例	计算结果		单价
2	常量、运算符	=15+5	20		5元/kg
3	引用位置	=E4	200		数量
4	名称、运算符	=单价*数量	1000		200kg
5	函数	=rand()	0.215212602		
6	注：其中的E2和E4单元格已分别命名为"单价"和"数量"				

（2）运算符的类型与优先级

Excel 包含 4 种类型的运算符，分类介绍如下：

①算术运算符：用于进行加、减、乘、除、百分比及乘方等各种常规算术运算（表2-2）。

表2-2 算术运算符

运算符	含义	示例	运算符	含义	示例
+	加	9+9	/	除	9/9
-	减	9-9	^	乘方	9^9
-	负号	-9	%	百分号	9%
*	乘	9*9	( )	括号	(4+5)/9

②比较运算符：用于比较数据的大小，文本、数值及逻辑值都可以进行比较（表2-3）。

表2-3 比较运算符

运算符	含义	示例	运算符	含义	示例
=	等于	A1=C1	>=	大于等于	A1>=C1
>	大于	A1>C1	<=	小于等于	A1<=C1
<	小于	A1<C1	<>	不等于	A1<>C1

③引用运算符：用于工作表中产生单个或区域单元格的引用（表2-4）。

表2-4 引用运算符

运算符	含义	示例	引用区图示
:（冒号）	区域运算符： 对于两个引用之间，包括两个引用在内的所有单元格进行引用	A1:C4	
,（逗号）	联合运算符： 将多个引用合并为一个引用	A1:B3,B2:C4	
（空格）	交叉运算符： 产生同时属于两个引用的单元格区域的引用	A1:B3 B2:C4	

④文本运算符:即"&",用于将文本字符或字符串进行连接合并。

Excel 通常依照从左向右的顺序执行公式运算,但当公式中同时存在多个运算符时,则根据表 2-5 所示的运算符优先级执行运算,同级运算符仍然按从左向右的顺序运算。

表 2-5 运算符的优先级

优先级次	运算符	说　明
1	( )	括号:多级括号嵌套时,由内向外运算
2	:	冒号:区域运算符
3	,	逗号:联合运算符
4	(空格)	空格:交叉运算符
5	–	负号:返回与原值符号相反的值,如:-9
6	%	百分号:返回百分比值
7	^	乘方:符号前底数,符号后为指数,如3^2
8	*和/	乘和除
9	+和-	加和减
10	&	文本运算符:连接文本或字符串
11	=,<,>,>=,<=,<>	比较运算符

2)函数入门

Excel 函数是其内部预先定义,并按特定结构与顺序来执行算法,产生一个或一组结果,从而实现某些特定功能或用途的特殊公式。

(1)函数的构成要素

由于函数是一类特殊的公式,因此在使用时也起始于"="符号,它的构成要素通常还包括函数名称、成对出现的括号和英文半角逗号","所间隔的参数,图 2-1 列举了一个函数的基本构成。

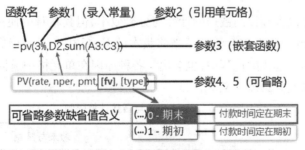

图 2-1 函数的基本构成

需要注意的是,函数的参数可以由数值、日期、文本、常量、名称、数组、单元格引用、函数等构成,当一个函数作为另一个函数的参数出现时,即为函数的嵌套。有些函数没有或无需参数,如 rand( )、now( )、row( )等,也有些函数具有多个参数,但其中有些参数可以省略,这些参数在 Excel 的函数提示中会以"[ ]"括起来,如果这些可省略的参数出现在函数的非末尾位置,那么录入时参数虽然可以省略,但参数之间的","间隔必须输入,如果出现在末尾位置,则参数和间隔符号均可省略。省略的参数,或者其并非函数执行的必要条件,或者在执行时 Excel 会自动将其按缺省值执行计算。

(2)函数的输入与编辑方式

Excel 中函数的输入与编辑有多种方式,主要包括:

①通过功能按钮或菜单输入:"开始"选项卡下的"编辑"功能区和"公式"选项卡下的"函数库"功能区均存在"自动求和"下接菜单,其中有若干功能按钮可实现对相应函数的快捷输入和计算;其余函数可通过"公式"选项卡下的"函数库"功能区由菜单选择函数类型后,再行录入。

②在编辑栏中编辑:可以在编辑栏中直接录入函数,或点击编辑栏前方的"fx"按钮,在"插入函数"对话框的引导下录入。

③直接在单元格中编辑:Excel 提供的"公式记忆键入"和"显示函数屏幕提示"功能可以辅助使用者更快捷地找到自己需要的函数并准确地录入各参数值。

图 2-2 显示了函数的多种输入编辑方式。

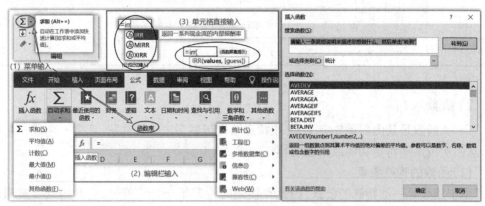

图 2-2 函数的多种输入编辑方式

3)公式与函数的常见问题

公式与函数可以大幅提高数据的计算与分析效率,但其本身的使用也受到系统资源和软件版本的若干限制,表2-6 整理了当前版本的 Excel 中公式与函数计算的主要规范与限制;此外,在运用公式的过程中,也会出于各种原因在单元格中返回错误值,表2-7 总结了常见错误信息及其具体含义。

表 2-6 Excel 公式与函数计算限制

项 目	约 束 与 限 制
计算精度	15 位(超过部分自动变为 0)
公式内容的长度	8 192 个字符

续表

项　目	约束与限制
内部公式的长度	16 384 个字节
迭代次数	32 767
工作表数组个数	受可用内存限制
选定区域个数	2 048
函数的参数个数	255
函数的嵌套层数	64
用户定义的函数类别个数	255
可用工作表函数的个数	341

表 2-7　Excel 常见错误信息及含义

错误信息	含　义
#####	显示数字的列宽不足;日期和时间为负值或太大
#VALUE!	公式或函数参数的数据类型错误
#DIV/0!	出现了除数为 0 的错误
#NAME?	公式中的文本未能被识别,如未识别的命名
#N/A	函数或公式引用的数值不可用
#REF!	单元格引用无效
#NUM!	公式或函数中使用无效数字值
#NULL!	公式或函数引用的含交叉运算符的区域并不相交

2.1.2　命名公式与数组公式

除了普通公式以外,在 Excel 中还存在两类形态和用法较为特殊的公式——命名公式和数组公式。在一些使用场景中,这类公式的应用能实现更优的数据处理过程和结果。

1)命名公式

所谓命名公式,并不是将公式用于命名,而是使用者对名称进行定义和管理,继而在应用公式的过程中通过"点名"的形式调用名称,令公式更容易被理解和维护。

(1)名称的概念与规则

名称可以由常量数据或数组、单元格引用、公式与函数等元素构成,每个名称的标识是唯一的,因此可以很便捷地被其他公式甚至名称所调用。与普通公式存在于单元格中不同,名称存储于工作簿中,它的作用范围受控于定义名称时的设置,默认情况下,定义过的名称可以在同一工作簿内的各工作表中使用,称为"工作簿级名称"或"全局名称",也可以指定其仅能在某一工作表中调用,称为"工作表级名称"或"局部名称",图2-3 显示了一个名称的定义范例。

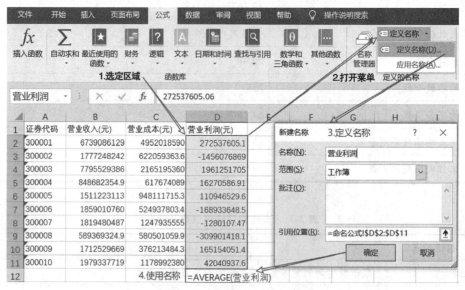

图 2-3　名称的定义和使用示例

需要注意的是,并非任意字符都可以用作"名称"。在 Excel 中创建和编辑名称需要遵循以下规则:

①有效字符:名称的第一个字符必须是字母(或汉字)、下划线字符(_)或反斜杠(\);其余字符可以是字母(或汉字)、数字、句点和下划线;不能使用大写和小写字符"C""c""R"或"r"作为名称,因为在 R1C1 引用样式中,这些字母表示工作表中的行、列。

②禁用位置名:名称不能与单元格位置(如 Z$100 或 R1C1)或区域(如 A1:B5)相同。

③空格无效:在名称中不允许使用空格。可以使用下划线字符(_)和句点(.)作为分隔符。

④名称长度:名称最多可以包含 255 个字符。

⑤不区分大小写:Excel 在名称中不区分大写与小写字母。例如,将"SALE"与"sale"视为一致,在其一已定义为名称的情况下,拒绝再将另一定义为同级名称,而提示"此名称已存在。名称必须是唯一的"。

(2)名称的管理

在"名称管理器"中可以对工作簿中使用的所有名称进行创建、编辑、删除、查找和筛选等管理,如图2-4 所示。名称管理过程中还应注意如下一些问题:

名称的级别(范围)无法通过"名称管理器"中的"编辑"功能进行直接修改,可以通过先新建符合新适用范围的名称,再删除旧名称的方法来实现。

同一工作簿中可能存在级别不同的相同名称,此类名称的编辑遵循"局部优先"的原则,即工作表名称优先于工作簿名称,如需对"引用位置"下的公式进行修改,优先更新的是工作表名称;如需对工作簿名称的公式进行修改,则必须在未包含同名工作表名称的其他工作表中修改;删除名称时,也要在删除了本表中的工作表名称后才能删除同名的工作簿级名称,或在未含同名工作表名称的工作表中删除工作簿名称。

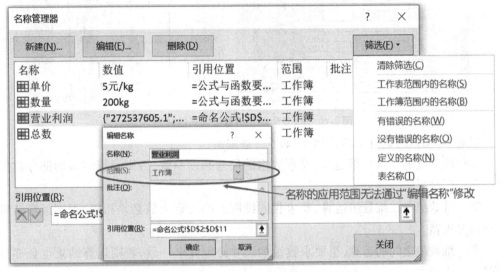

图2-4 名称管理器的使用

2)数组公式

数组公式是能够对数组中的一个或多个项目执行多个计算的公式。所谓数组,是指按一行、一列或多行多列排列的一组数据元素的集合,其中,数据元素可以是数值、文本、日期、逻辑值甚至是错误值。

(1)数组公式的形态与编辑方式

数组公式区别于普通公式的明显特征是以"Ctrl+Shift+Enter"组合键来完成编辑操作,编辑结束后,Excel 将自动在编辑栏中为其首尾加上花括号"{}"以标识数组公式的"特殊身份",如图2-5 所示。

D1			× ✓ f_x	{=SUM(A1:C1*2)}	
	A	B	C	D	E
1	1	2	3	12	计算过程: A1:C1区域是一个数组, 将此数组中的各个值分别与2相乘, 再执行SUM函数的求和运算。 1*2+2*2+3*2=12

图2-5 数组公式形态示例

(2)数组公式的应用

数组公式可以应用于单个单元格中,返回一个结果值,也可以应用于多个单元格构成的区域中,返回多个结果值,如图2-6 所示。

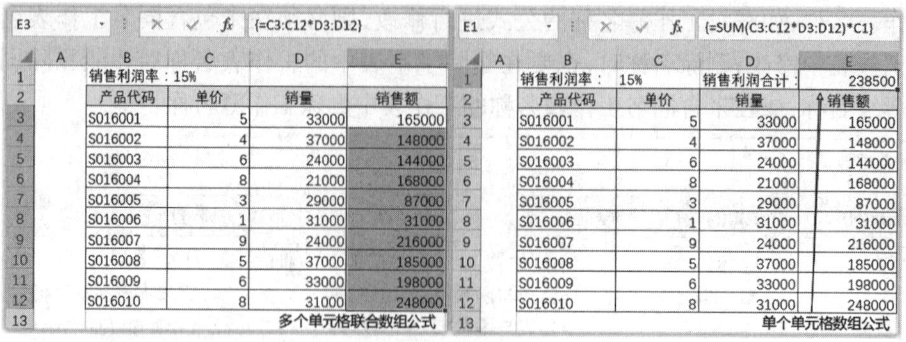

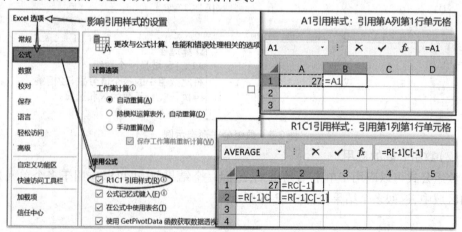

图2-6　单、多个单元格数组公式的应用

但是,运用数组进行运算,也受到如下一些限制:

①相同维度的一维数组运算,要求数组的尺寸必须一致,否则运算结果的部分数据会返回错误结果。

②一维数组与二维数组运算,要求相同维度上的元素个数必须相等,否则运算结果也会部分报错。

③二维数组之间的运算,也要求数组的尺寸必须完全一致,否则运算结果也会部分报错。

2.1.3　Excel 中的引用

在 Excel 中使用公式或函数时,往往需要指明具体的"坐标"位置来表示对某一单元格或某一区域数据的调用,这一过程称为"引用"。适宜的引用策略可以减轻手工录入的繁杂工作量,提高复制公式、自动填充等操作运行结果的准确性。

1)相对引用、绝对引用与混合引用

Excel 内置了 A1 和 R1C1 两种引用样式,如图 2-7 所示,默认情况下使用 A1 引用样式,即以字母表示列标,数字表示行号,单元格坐标由列标与行号组合而成。如无特别说明,本书提到的引用均基于默认的 A1 引用样式。

图2-7　Excel 的两种引用样式

公式中如果存在引用,按公式所在单元格和被引用单元格之间位置关系的相对性,可以分为相对引用、绝对引用与混合引用。

①相对引用:复制存在引用的公式至目标单元格,目标单元格引用的位置也发生相应变化,目标单元格与新被引单元格之间相对位置等同于原单元格与原被引单元格之间的相对位置,这就是相对引用,也是 Excel 中默认采用的引用方式,如图 2-8(a)所示。

②绝对引用:无论复制存在引用的公式至何处,始终引用原被引单元格,即被引位置不随目标单元格位置变化而变化。绝对引用的样式是在相对引用的列标和行号前均加" $ "符号($A$1),如图 2-8(b)所示。

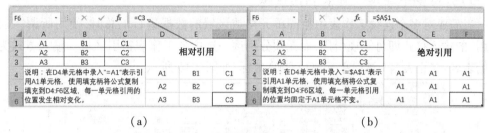

(a)　　　　　　　　　　　　　　(b)

图 2-8　相对引用和绝对引用

③混合引用:当复制公式至新的目标单元格时,新被引单元格的特点是在行或列之一的方向上与原被引单元格位置一致(行绝对或列绝对引用),而另一方向的引用位置发生相对变化(列相对或行相对引用),从而产生两种混合引用方式:行绝对列相对引用($A$1)、行相对列绝对引用($A1)。混合引用的效果如图 2-9 所示。

不同引用方式可以由手工录入" $ "符号至相应的列标、行号前来进行标识,也可以按 F4 键在各引用方式之间进行切换,在默认的相对引用样式下,每按下一次 F4 键,引用样式的切换顺序为:绝对引用($A$1)→行绝对列相对引用(A$1)→行相对列绝对引用($A1)→相对引用(A1)。

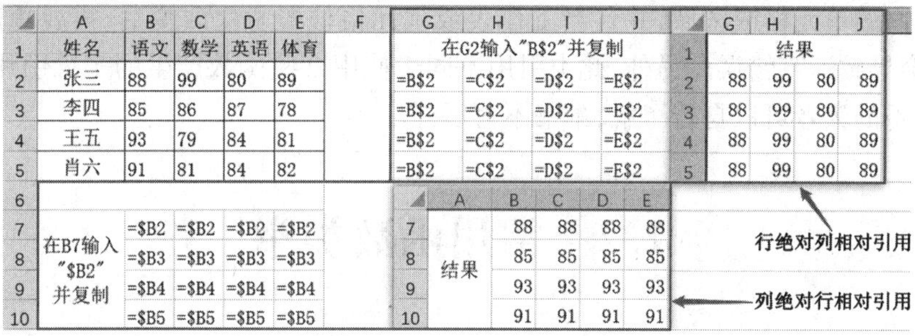

图 2-9　混合引用

2)其他工作表和工作簿的引用

公式中有时需要引用其他工作表或工作簿中的单元格,这些类型的引用都有各自的表示方式,见表 2-8。

注意:

不能在当前工作表某一区域中直接引用其他工作表或工作簿的区域。

引用本工作簿中其他工作表区域:工作表名! 被引单元格坐标;

引用其他工作簿中的单元格:[工作簿名]工作表名!被引单元格坐标。当被引用单元格所在工作簿关闭时,公式中将在工作簿名称前自动加上文件路径。

表2-8　其他工作表和工作簿的引用方式

公式表示方式	说明
=Sheet1!A1	引用本工作簿中其他工作表单元格: 默认为相对引用样式
='[新建 Microsoft Excel 工作表.xlsx]Sheet1'!$A$2	引用其他工作簿中的单元格: 默认为绝对引用样式
='D:\2019-2020-2\2020教材\[ex1-CAF.xlsx]Sheet3'!$A$3	引用其他工作簿中的单元格: 如果被引工作簿关闭则在其名称前自动加路径

3)引用多个连续工作表相同区域

当需要对多个连续工作表中相同单元格或区域的数据进行汇总时,使用所谓"三维引用"的输入格式即可实现引用,而无须分别逐一选中各工作表被引区域。输入方式为:起始表名:终止表名!被引单元格(区域)坐标,如图2-10所示。

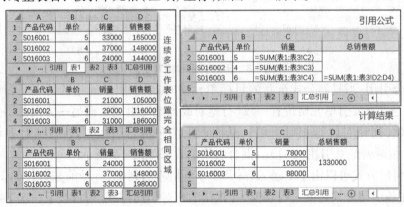

图 2-10　引用连续多工作表相同区域

需要注意的是,此类引用有严格的使用范围局限,即引用的必须是**连续**工作表内**位置完全相同**的单元格或区域,并且当工作表或单元格位置发生改变后,需要重新编辑公式,否则会导致运算错误。另外,此类引用不同于使用某些函数产生的多维引用,对多维引用有兴趣的读者可以自行了解,本书不再展开。

2.2　常用函数类举

本节将分类介绍 Excel 中的一些常用函数,此处不再列举读者耳熟能详的 sum、average、min、max 等函数及其用法,而是选取其他一些常用函数并列举其在实际场景中的典型用法。

2.2.1　文本、信息、日期与时间函数

1)文本函数

文本型数据是电子表格中的主要数据类型之一,广泛运用于多种场景之下,这里介

绍几项可对文本数据进行合并、提取、替换、转换处理的函数。

（1）文本合并

CONCAT 函数：用于将多个区域或字符串中的文本组合起来时。该函数替换了 Excel 2016 以前版本中的文本连接函数 concatenate（当前仍可兼容使用），语法规则如下：

CONCAT(text1 ,[text2] ,…)

text1 ,text2 ,…是要连接的文本参数，每个参数可以是一个字符串或字符串数组，如单元格区域。该函数最多可以接受 254 个 text 参数。

TEXTJOIN 函数：与 CONCAT 函数类似，用于组合多个区域或字符串的文本。更进一步，该函数能够在要合并的文本之间包含分隔符（如"&"等），并删除合并文本结果中不希望出现的空参数。语法规则如下：

TEXTJOIN(delimiter,ignore_empty,text1 ,[text2] ,…)

delimiter：要在每个文本项之间插入的字符或字符串。

ignore_empty：逻辑值参数，如果为 TRUE，则忽略空白单元格。

text1 ,text2 ,…是要连接的文本参数，每个参数可以是一个字符串或字符串数组，如单元格区域。该函数最多可以接受 252 个 text 参数。

图 2-11 列示了 CONCAT 和 TEXTJOIN 函数的各种用法并进行了说明。

注意：

如果结果字符串超过 32 767 个字符（单元格限制），则上述两函数均会返回"# VALUE！"错误。

	A	B	C	D
1	A1	B1	Andreas	Hauser
2	A2	B2	Fourth	Pine
3	A3	B3	名	姓
4				
5	A5	B5		

示例用数据源区域

函数示例	说明	执行结果
=CONCAT(A:A,B:B)	连接各列文本	A1A2A3B1B2B3
=CONCAT(A1:B3)	连接区域内各单元格文本	A1B1A2B2A3B3
=CONCAT("我","和","你")	连接输入的指定文本	我和你
=CONCAT(D1,"和",D2,"是",D3)	连接输入文本与单元格文本	Hauser和Pine是姓
=CONCAT(C2," ",D2)	连接单元格文本，以空格间隔	Fourth Pine
=C1&" "&D1	运算符"&"可以起到相同的连接作用	Andreas Hauser
=TEXTJOIN("&",,D1,D2)	以指定符号连接单元格文本	Hauser&Pine
=TEXTJOIN(",",TRUE,A:A,B:B)	以指定符号连接各列文本并忽略空值	A1,A2,A3,A5,B1,B2,B3,B5
=TEXTJOIN(",",FALSE,A3:B5)	以指定符号连接区域文本并保留空值	A3,B3,,,A5,B5
=TEXTJOIN(D3,,C2&" "&D2,D2)	以指定单元格内容连接指定单元格文本	Fourth Pine姓Pine

图 2-11　两个文本连接函数的用法示例

（2）提取字符

LEFT 函数：从文本字符串的最左侧字符开始返回指定数量的字符。

RIGHT 函数：从文本字符串的最右侧字符开始返回指定数量的字符。

以上两函数的语法规则分别为：

LEFT(text,[num_chars]) 和 RIGHT(text,[num_chars])，所含参数含义完全

一致。

text：包含待提取字符的文本字符串。

num_chars：非必须参数，指定要提取的字符数量。num_chars 必须大于或等于零；num_chars 的缺省值为 1；如果 num_chars 大于文本长度，则返回全部文本。

MID 函数：返回文本字符串中从指定位置开始的指定数量的字符。语法规则是：

MID(text,start_num,num_chars)

text：包含待提取字符的文本字符串。

start_num：文本中待提取字符的起始位置。文本中第一个字符的 start_num 为 1，其他字符以此类推；如果 start_num 大于文本长度，则返回空文本；如果 start_num 小于文本的长度，但 start_num 加 num_chars 超过文本的长度，则返回文本结尾的字符；如果 start_num 小于 1，将返回"#VALUE!"。

num_chars：指定从 start_num 参数指示的位置起，在文本中提取字符的数量；如果 num_chars 为负值，将返回"#VALUE!"。图 2-12 列示说明了上述 3 项函数的用法。

	A	函数示例	说明	执行结果
1	6590012020008150993	=LEFT(A2,2)	提取A2中的前2个字符	蓝天
		=LEFT(A3)	省略num_chars，默认提取第一个字符	M
2	蓝天白云绿草	=LEFT(A2,8)	参数num_chars大于文本长度，提取所有文本	蓝天白云绿草
		=RIGHT(A3,4)	提取A3中的最后2个字符	you?
3	May I help you?	=RIGHT(A2)	省略num_chars，默认提取最后1个字符	草
		=RIGHT(A3,20)	参数num_chars大于文本长度，提取所有文本	May I help you?
		=MID(A3,5,6)	提取A3中第5个字符起的6个字符	I help
		=MID(A1,7,8)	提取A1身份证号中的出生年月日	20200815
示例用数据源区域		=MID(A2,-1,2)	参数start_num小于0，返回错误值	#VALUE!
		=MID(A3,3,-2)	参数num_chars小于0，返回错误值	#VALUE!

图 2-12　文本提取函数的用法示例

（3）替换字符

REPLACE 函数：将某一文本字符串中特定位置处的指定字符数替换为指定文本字符串。语法规则如下：

REPLACE(old_text,start_num,num_chars,new_text)

old_text：待替换其部分字符的文本，或对单元格的引用。

start_num：old_text 中要替换为 new_text 的字符起始位置。

num_chars：old_text 中自 start_num 起需要被替换的字符数。

new_text：将替换 old_text 中字符的文本。

SUBSTITUTE 函数：用于在某一文本字符串中替换指定内容的文本。语法规则如下：

SUBSTITUTE(text,old_text,new_text,[instance_num])

text：需要替换其中字符的文本，或对单元格的引用。

old_text：需要被替换的文本内容。

new_text：用于替换 old_text 的文本。

instance_num：非必须参数。若指定的字符串 old_text 在 text 中出现多次，则用本参数指定要替换其中的第几个；如果省略，文本中出现的所有 old_text 都会替换为 new_text。

图 2-13 举例说明了这两个函数的用法。

	A	B	C	
1	文本字符替换	ABCDEF	2020年2月22日	示例用数据源区域　C1单元格为文本而非日期格式

函数示例	说明	执行结果
=REPLACE(A1,5,2,"取代")	将A1单元格中第5个起的2个字符替换为"取代"	文本字符取代
=REPLACE(A1,5,,"串")	省略num_chars参数，相当于在start_num指定的位置插入new_text	文本字符串替换
=REPLACE(A1,3,2,)	省略new_text参数，相当于删除自start_num位置起的num_chars个字符	文本替换
=SUBSTITUTE(B1,"EF","MN")	将B1单元格出现的"EF"字符替换为"MN"	ABCDMN
=SUBSTITUTE(B1,"cd","mn")	当text中未包含old_text（区分大小写、全半角）字符时，不进行任何替换	ABCDEF
=SUBSTITUTE(B1,"CD",)	当new_text省略但保留其前面逗号时，相当于将old_text所指字符删除	ABEF
=SUBSTITUTE(C1,2,1,4)	若指定instance_num参数，则只将text中位于该参数指定位置的old_text替换为new_text	2020年2月12日
=SUBSTITUTE(C1,2,1)	若未指定instance_num参数，则将text中全部old_text都替换为new_text	1010年1月11日

图 2-13　文本替换函数的用法示例

（4）文本的格式转换

有时需要完成文本格式与其他数值型数字格式（如日期、时间、分数、百分比等）之间的转换，菜单和单元格格式设置往往仅能改变其显示样式而非实质格式，借助函数却可以完成真正意义上的格式转换。

TEXT 函数：可以通过格式代码向数字应用格式，进而更改数字的显示方式。执行该函数可以按更可读的格式显示数字，或者将数字与文本或符号组合。语法规则如下：

$$\text{TEXT}(\text{value},\text{format\_text})$$

value：要转换为文本的数值。

format_text：定义目标格式的文本字符串。

VALUE 函数：将一个代表数值的文本字符串转换成真正的数值。语法规则是：

$$\text{VALUE}(\text{text})$$

text：带双引号的文本，或含有待转换文本的单元格引用。需要说明的是，text 可以是 Excel 可识别的任意常量数字、日期或时间格式，如果不是这些格式中的一种，VALUE 函数将返回"#VALUE!"值。

其实，由于 Excel 会根据需要自动将文本转换为数字，因此通常无须在公式中使用 VALUE 函数，提供此函数是为了与其他电子表格程序兼容。

图 2-14 列示说明了上述两个转换函数的一些常见用法。

	A	B	C	
1	5502	1234.567	28.50%	示例用数据源区域
2	结算日期	2020/8/15	3 1/4	

函数示例	说明	执行结果
=TEXT(B1,"￥#,##0.00")	将B1单元格数值转换为带货币符号和千位分隔符的文本	￥1,234.57
=TEXT(B2,"yyyy-mm-dd")	将B2单元格的日期格式转换为以"-"连接年、月、日的文本	2020-08-15
=TEXT(C1,"0.000%")	将C1单元格的百分比转换为保留至小数点后三位的百分比文本	28.500%
=TEXT(C2,"?/?")	将C2单元格的带分数形态转换为分数形态的文本	13/4
=TEXT(A1,"000000")	在原有数字前添加"0"形成文本编号	005502
=VALUE("000939")	将文本转换为可参与计算的数字	939
=A2&"："&B2	若未将B2单元格日期转换为文本格式，与其他文本连接时将无法显示为日期样式	结算日期：44058
=A2&"："&TEXT(B2,"yyyy/mm/dd")	使用TEXT函数解决文本连接日期过程中丢失日期格式的问题	结算日期：2020/08/15

图 2-14　文本格式转换函数用法示例

TEXT 函数很少单独使用，通常与其他内容配合使用。例如，在合并文本和带格式的数字（如日期、时间、货币等）时，Excel 会省去数字格式。这时使用 TEXT 函数就具有积极意义，因为它能使用"格式代码"（如日期格式"YY/MM/DD"）强制 Excel 按照希望的方式返回值的格式。图 2-14 列表中最后两行演示了这一用法。

2）信息函数

CELL 函数：返回关于某单元格或引用区域左上角第一单元格的格式、位置、内容或路径的信息。语法规则如下：

CELL(info_type，［ reference ］)

info_type：一个带引号的文本值，指定要返回的单元格信息的类型。表 2-9 列示了 info_type 参数的可能值及相应的结果。

reference：指定要返回其相关信息的单元格。如果省略，则为更改的最后一个单元格返回 info_type 参数中指定的信息。如果参数 reference 是某一单元格区域，则函数 CELL 将返回该区域左上角第一单元格的信息。

表 2-9　CELL 函数的 info_type 参数含义及执行结果

info_type	返回结果的含义
"address"	被引单元格的位置，文本格式
"col"	被引单元格的列号
"color"	如果单元格中的负值以不同颜色显示，则为值1；否则，返回0（零）
"contents"	被引单元格的值而非公式
"filename"	被引单元格所在的文件名（包括全部路径），文本类型。如果引用所在的工作表尚未保存，则返回空文本（""）
"format"	与被引单元格的数字格式相对应的文本值。如："常规"格式对应值"G"
"parentheses"	如果被引单元格为正值或所有单元格均加括号，则为值1；否则返回0
"prefix"	与被引单元格的"前置标签"相对应的文本值。如果单元格文本左对齐，则返回单引号（'）；如果单元格文本右对齐，则返回双引号（"）；如果单元格文本居中，则返回插入字符（^）；如果单元格文本两端对齐，则返回反斜线（\）；如果是其他情况，则返回空文本（""）
"protect"	如果被引单元格没有锁定，则为值0；如果单元格锁定，则返回1
"row"	被引单元格的行号
"type"	与被引单元格数据类型相对应的文本值。如果单元格为空，则返回"b"；如果单元格包含文本常量，则返回"v"；如果单元格包含任何其他内容，则返回"v"值
"width"	被引单元格的列宽

注意：

如果 CELL 函数中的 info_type 参数为"format"，并且稍后对引用的单元格应用了不同的格式，则必须重新计算工作表（按 F9）以更新 CELL 函数的结果。

3）日期与时间函数

日期是一种特殊的数值，因此它们可以进行加、减、乘、除等数学运算，而且运算结果也因使用场景不同而具有不同的意义。

有些日期与时间函数无需参数，如：

TODAY 函数：单元格内直接输入"=today( )"，返回日期格式的当前日期。

NOW 函数：单元格内直接输入"=now( )"，返回日期时间格式的当前日期和时间。

注意：

在这两个函数已经存在的情况下，编辑任意单元格或者重新打开包含此函数的工作簿时，都会重新计算并返回当前的日期和时间。

另一些函数可用于提取日期中的特定要素或生成日期，如：

YEAR 函数：语法规则为 year(Serial_number)，返回指定数值或单元格引用对应的年份值，其结果范围是 1900（年）—9999（年）之间的整数。

MONTH 函数：语法规则为 month(Serial_number)，返回指定数值或单元格引用对应的月份值，其结果范围是 1（月）—12（月）之间的整数。

DAY 函数：语法规则为 day(Serial_number)，返回指定数值或单元格引用对应的某月第几天的数值，其结果范围是 1（日）—31（日）之间的整数。

需要说明的是，以上函数的参数 Serial_number 是 Excel 中进行日期及时间计算的日期-时间代码，即序列号。因为 Excel 将日期存储为连续序列号，以便能在计算中使用它们。1900 年（个别系统为 1904 年）1 月 1 日的序列号为 1，则 2020 年 1 月 1 日的序列号为 43831，这是因为它与 1900 年 1 月 1 日之间相差 43 830 天。当这类函数计算结果显示为序列号时，需要更改数字格式（设置单元格格式）以显示正确的日期。这一原理非常重要，在日期-时间类的函数计算中广泛存在，比如，公式"=month(43810)"，由于距 1900 年 1 月 1 日 43 810 天的日期是 2019 年 12 月 12 日，因此该公式提取月份值返回的值为"12"。

DATE 函数：返回指定参数或引用合成的日期（日期格式），或表示日期的连续序列号（常规或数值类格式）。语法规则如下：

　　　　DATE(year,month,day)

year：用于指定年份的参数，值可以取一到四位数字。如果 year 介于 0（零）到 1 899 之间（包含这两个值），则 Excel 会将该值与 1 900 相加来计算年份。例如，DATE(120,8,1)返回的日期为 2020(1900+120)年 8 月 1 日；如果 year 介于 1 900 到 9 999 之间（包含这两个值），则直接使用该数值作为年份；如果 year 小于 0 或大于等于 10 000，则 Excel 返回错误值"#NUM!"。

month：用于指定月份的参数。如果 month 大于 12，则 month 会从指定 year 的第一个月开始加上该月份数。例如，DATE(2018,14,2)返回的日期为 2019 年 2 月 2 日；如果 month 小于 1，则 month 会从指定 year 的上一年的最末月(12)开始减去向下取整的 month 绝对值作为指定的月份。例如，DATE(2020,-2.4,2)返回的日期为 2019 年 9 月 2 日；如果 month 值在 1 到 12（含）之间，则直接使用该数值整数部分绝对值作为返回日期的月份。

day:用于指定前两个参数所确定的年月之中第几日的参数。如果 day 大于指定月中的天数,则 day 会从该月的第一天开始加上该天数计算出日期值。例如,DATE(2020,1,35)返回的日期为 2020 年 2 月 4 日;如果 day 小于 1,则 day 从指定 month 的上一月的最末日开始减去向下取整的 day 绝对值计算日期。例如,DATE(2020,9,-15.6)返回的日期为 2020 年 8 月 15 日;如果 day 值大于等于 1 且小于等于指定 month 中的天数,则直接使用该日。

使用 date 函数可以计算两个日期间相隔的天数,但是,录入相对烦琐,可以选用公式相对简洁灵活的其他日期时间函数,在有些情况下,甚至可以忽略年份或月份来计算两个日期之间的间隔,图 2-15 列示说明了这类函数的一些用法。

DAYS 函数:返回两个日期之间的天数。语法规则:DAYS(end_date,start_date),其中,start_date 和 end_date 分别表示用于计算间隔天数的起始和终止日期。

如果两个日期参数为数字,DAYS 使用 end_date-start_date 的差作为两个日期之间的天数返回结果;如果任何一个日期参数为日期型格式,该参数将被进行 DATEVALUE(将日期值转为对应的序列数)处理,再参与计算;如果日期参数是超出有效日期范围的数值,DAYS 返回错误值"#NUM!";如果日期参数是无法解析为字符串的有效日期,DAYS 返回错误值"#VALUE!"。

DAYS360 函数:按照一年 360 天的算法(每个月以 30 天计,一年共计 12 个月),返回两个日期间相差的天数。由于很多财务会计类的运算都遵循这一惯例,便可使用此函数帮助这类计算。语法规则如下:

DAYS360(start_date,end_date,[method])

start_date、end_date 与 DAYS 函数中的同名参数含义一致,分别表示用于计算间隔天数的起始和终止日期。如果 start_date 在 end_date 之后,则 DAYS360 函数将返回一个负数。

DAYS360 函数与 DAYS 函数的重要区别还体现在 method 参数上,当 method 取值为 FALSE 或缺省时,在计算中采用美国(NASD)方法;当 method 取值为 TRUE 时,计算中采用欧洲方法。

	A	B	C	D	E	F	
1	2020/1/1	2020/1/30	2020/1/31		姓名	出生日期	← 示例用数据源区域
2	2020/2/1	2020/2/29	2020/3/1		张三	1990/3/27	
3	2020/3/30	2020/3/31	2020/4/1		李四	2019/2/20	

函数示例	说明	执行结果
=DAYS(C1,A1)	计算A1和C1单元格内日期的间隔天数	30
=DAYS(43980,A2)	计算分别以序列数和日期格式表示的两个日期的间隔天数	118
=DAYS360(B1,B3)	使用days360函数默认算法计算两个日期的间隔天数	60
=DAYS360(C1,B3)	days360函数默认的美式算法下,起始日期在月末日等效于自当月30日始(参照上行)	60
=DAYS360(A1,C3)	使用days360函数默认的美式算法计算某月初日到某月末日的间隔日	90
=DAYS360(A1,B3)	days360函数默认的美式算法下,终止日期在月末日起始日期早于30日的,终止日期等效于下月初日(参照上行)	90
=DAYS360(A1,B3,TRUE)	days360欧洲算法更为严格(参照比较上行),起始和终止日期均在某月同日方按每月30日计算	89
=DATEDIF(F2,TODAY(),"y")	使用datedif函数计算周岁年龄(时间段内的整年数)	30
=DATEDIF(F3,"2020/8/15","m")	使用datedif函数计算月龄(时间段内的整月数)	17

图 2-15　部分日期时间函数用法示例

DATEDIF 函数:计算两个日期之间相隔的天数、月数或年数。语法规则如下:

DATEDIF(start_date,end_date,unit)

其中,start_date、end_date 与上述函数中的同名参数含义一致,如果 start_date 大于 end_date,将返回"#NUM!"结果。unit 参数不同代码的含义见表2-10。

表2-10　DATEDIF 函数的 unit 参数含义

unit 代码	参数含义
"Y"	一段时期内的整年数
"M"	一段时期内的整月数
"D"	一段时期内的天数
"MD"	start_date 与 end_date 之间天数之差。忽略日期中的月份和年份
"YM"	start_date 与 end_date 之间月份之差。忽略日期中的天和年份
"YD"	start_date 与 end_date 的日期部分之差。忽略日期中的年份

DATEDIF 函数在用于计算年龄、工龄等的场景中具备优良的使用效果。详见图2-15中的计算示例。

2.2.2　数学与统计函数

1)数学函数

Excel 数学函数可以帮助使用者完成求和、取余、随机等数学运算,运用数学函数还能辅助在应用场景中发挥构造数组、公式填充、提取数据等重要作用。

SUMIF 函数:对满足条件的单元格求和。语法规则如下:

SUMIF(range,criteria,[sum_range])

range:要按条件计算的单元格区域。每个区域中的单元格都必须是数字,也可能是包含标准格式的日期,或者是包含数字的名称、数组或引用。空白和文本值将被忽略。

criteria:以数字、表达式、单元格引用、文本或函数形式定义的条件。可以包含通配符字符,问号(?)匹配任意单个字符,星号(*)匹配任何字符序列。如果要查找实际的问号或星号,可以在字符前键入波浪符(~)。需要注意的是,任何文本条件或任何含有逻辑或数学符号的条件都必须使用半角双引号(")括起来,如果条件为数字,则无须使用双引号。

sum_range:要参与求和的实际单元格。如果省略该参数,则 range 参数中符合 criteria条件的单元格参与求和。需要注意的是,sum_range 的大小和形状应与 range 相同。如果不是,公式将以 sum_range 中第一个单元格开始的单元格区域求和,且其尺寸与 range 相同。图2-16举例说明了 SUMIF 函数的一些常见用法。

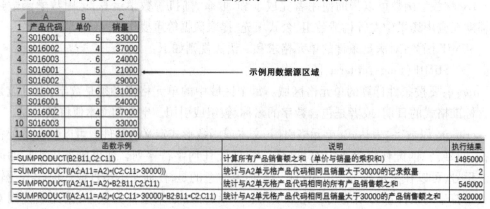

函数示例	说明	执行结果
=SUMIF(A2:A5,">1600000",B2:B5)	交易价值高于1,600,000的佣金之和。	630000
=SUMIF(A2:A5,">1600000")	高于1,600,000的交易价值之和。	9000000
=SUMIF(A2:A5,C3,B2:B5)	交易价值等于C3单元格值的佣金之和。	140000
=SUMIF(A2:A5,">" & C2,B2:B5)	交易价值高于C2单元格值的佣金之和。	490000
=SUMIF(A8:A13,"水果",C8:C13)	"水果"类别下所有商品的销售额之和。	20000
=SUMIF(B8:B13,"西?",C8:C13)	以"西"开头的两字商品（西柚）的销售额之和。	12000
=SUMIF(B8:B13,"西*",C8:C13)	以"西"开头的所有商品（西红柿、西柚）的销售额之和。	35000
=SUMIF(A8:A13,"",C8:C13)	未指定类别的所有商品的销售额之和。	4000

图 2-16　SUMIF 函数用法示例

SUMPRODUCT 函数:返回对应的区域或数组的(默认)乘积之和。语法规则如下:

SUMPRODUCT(array1 ,[array2],[array3],…)

array1:相应元素需要进行相乘并求和的第一个数组参数。

[array2],[array3],…:2 到 255 个数组参数,其相应元素需要进行相乘并求和。

该函数的默认运算是乘法,若要执行其他算术运算,可将数组参数替换为所需的算术运算符(* 、/ 、+ 、-),并使用括号对数组参数进行分组以控制算术运算的顺序。

需要注意的是:

SUMPRODUCT 函数要求数组参数必须具有相同的维数,否则,函数将返回错误值"#VALUE!"。

SUMPRODUCT 函数将非数值型的数组元素作为 0 处理。

SUMPRODUCT 函数不能像 SUMIF、COUNTIF 等函数一样使用" * "和"?"等通配符。

图 2-17 举例说明了 SUMPRODUCT 函数的一些常见用法。

函数示例	说明	执行结果
=SUMPRODUCT(B2:B11,C2:C11)	计算所有产品销售额之和（单价与销量的乘积和）	1485000
=SUMPRODUCT((A2:A11=A2)*(C2:C11>30000))	统计与A2单元格产品代码相同且销量大于30000的记录数量	2
=SUMPRODUCT((A2:A11=A2)*B2:B11,C2:C11)	统计与A2单元格产品代码相同的所有产品销售额之和	545000
=SUMPRODUCT((A2:A11=A2)*(C2:C11>30000)*B2:B11*C2:C11)	统计与A2单元格产品代码相同且销量大于30000的产品销售额之和	320000

图 2-17　SUMPRODUCT 函数用法示例

2)统计函数

统计类函数是 Excel 中使用频率较高的一类工作表函数,在财务管理中的大多数报表也离不开它们,从简单的计数与求和,多区域中多种条件下的计数与求和,此类函数在多个场景下都有助于解决实际问题。以下分类列举一些常用的代表性统计函数,其具体应用方法可参阅 Excel 官方网站或相关专门书籍。

①基本计数函数。如 count、counta 等。

②条件统计类应用函数。如 countif、countifs、sumifs、averageif、averageifs 等。

③频率统计函数。如 frequency、mod 等。

④极值应用函数。如 max、min 等。

⑤排名应用函数。如 rank 等。

⑥专业统计类函数。如 pearson、stdevpa、var、trend 等。

⑦筛选或隐藏(行)后的数据统计：subtotal 函数。

2.2.3　查询与引用函数

1)基本的查询函数

Excel 的查找功能可以帮助用户整理数据,但如果需要在计算过程中进行查找,便可以借助查询函数的强大功能来实现。VLOOKUP 和 HLOOKUP 函数都是查找数据时使用频率极高的基本查询函数,具体用法可参阅官方网站或相关书籍。在新版本(office365)的 Excel 中,微软推出了改进版本——XLOOKUP 函数,它可以在任何方向上正常运行,并且在默认情况下返回精确匹配,使查询过程更加方便易行。

XLOOKUP 函数:搜索区域或数组,并返回一个与它找到的第一个匹配项相对应的项。如果不存在匹配项,则 XLOOKUP 可返回最接近(近似值)的匹配项。其语法规则如下：

XLOOKUP(lookup_value,lookup_array,return_array,[if_not_found],[match_mode],[search_mode])

lookup_value:要查找的值。

lookup_array:要搜索的数组或区域。

return_array:要返回的数组或区域。

[if_not_found]:非必须参数,如果找不到有效的匹配项,则返回用户提供的[if_not_found] 文本;如果找不到有效的匹配项,并且缺少[if_not_found],则会返回 #N/A。

[match_mode]:非必须参数,用于指定匹配类型:0 - 完全匹配。如果未找到,则返回 #N/A。这是默认选项;-1 - 完全匹配。如果没有找到,则返回下一个较小的项;1 - 完全匹配。如果没有找到,则返回下一个较大的项;2 - 通配符匹配。

[search_mode]:指定要使用的搜索模式:1 - 从第一项开始执行搜索。这是默认选项;-1 - 从最后一项开始执行反向搜索;2 - 执行依赖于 lookup_array 按升序或降序排序的二进制搜索,如果未排序,将返回无效结果。

图 2-18 举例说明了 XLOOKUP 函数的一些常见用法。

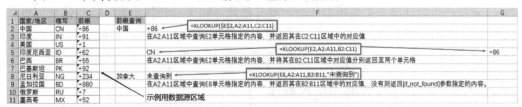

图 2-18　XLOOKUP 函数用法示例

2)基本的引用函数

引用函数可以单独或配合查询函数,在电子表格的计算过程中对某些符合要求的目标数据进行引用。常见的引用函数有 index、match、offset、indirect 等,其具体应用方法可参阅 Excel 官方网站或相关专业书籍。

2.2.4　逻辑函数

Excel 可以使用逻辑函数对单个或多个表达式的逻辑关系进行判断,并返回逻辑值。常用的逻辑关系有"与""或""非"3 种,分别对应着 AND、OR 和 NOT 函数。

AND 函数:如果所有条件参数的逻辑值都为真,则返回 TRUE,只要有一个参数的逻辑值为假,则返回结果 FALSE,这就是逻辑上的"与"运算;

OR 函数:如果所有条件参数的逻辑值都为假,则返回 FALSE,只要有一个参数的逻辑值为真,则返回结果 TRUE,这就是逻辑上的"或"运算;

NOT 函数:如果其条件参数的逻辑值为真时返回结果为 FALSE,反之则返回 TRUE,它可以将原有逻辑值反转,这就是逻辑上的"非"运算。

此外,常见的逻辑函数还有 IS 类判断函数,以及使用频率很高的 IF 函数,新版本的 Excel 中还新增了可以检查是否满足一个或多个条件的 IFS 函数,它在很多情况下可以取代多个嵌套 的 IF 语句。图 2-19 列举了 IF 和 IFS 函数的用法。

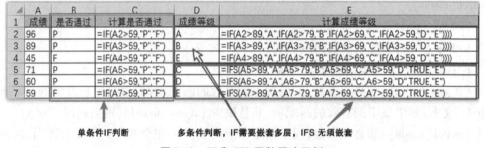

图 2-19　IF 和 IFS 函数用法示例

2.3　财务函数应用

Excel 提供了丰富的财务函数,大体上有投资评价计算常用的资金时间价值相关函数、固定资产折旧计算相关的折旧函数以及其他债券相关的计算函数。这些函数可以将原本复杂的计算过程变得高效便捷,将财务人员从繁重的数学计算中解脱出来,为财务分析提供极大的便利。本节主要介绍常用财务函数及一些具体应用方法。

2.3.1　资金时间价值函数及应用

资金时间价值是指同一数量的货币在不同时点上的价值量的差额,即随着时间的推移,一定量货币所发生的增值额。

　　由于资金随时间的延续而增值,不同时间的货币收入或支出不宜直接进行比较,需要将它们换算到相同的时间基础上,再进行大小的比较和比率的计算。这就涉及若干财务管理中的基本概念,如本金、利率、期数、现值、终值、年金等。实际上,这些概念在 Excel 的资金时间价值函数中都表现为相对固定的参数形式,且往往互为已知条件和求值对象。表 2-11 列出了这些参数及其对应的含义。

表 2-11　Excel 财务函数部分通用参数含义

参数名	含　义
pv	现值
fv	终值
rate	利率(需要注意与期数 nper 的单位对应)
nper	期数
per	序数期数(第几期)
pmt	年金值(等额收付款的本息和)
ppmt	本金值(等额收付款中的本金部分)
ipmt	利息值(等额收付款中的利息部分)
type	收付款发生的时点(缺省或 0—期末,1—期初)

1)现值函数

　　PV 现值函数:一般返回某项投资的一系列将来偿还额的当前总值(或一次性偿还额的现值)。

　　　　语法:PV(rate,nper,pmt,fv,type)

　　从函数的语法构成可以看出,PV 函数可用于计算复利现值、年金现值以及在含有年金和终值情况下的折现计算。

　　NPV 净现值函数:一般基于一系列将来的收(正值)支(负值)现金流和贴现率,返回一项投资的净现值。

　　　　语法:NPV(rate,value1,value2,…)

　　其中 value1,value2,…代表各期支出和收入的具体值(可容纳 254 个参数),时间均匀分布并出现在每期末。

　　图 2-20 列举了上述两个函数的具体用法。

　　需要注意的是,NPV 函数在两个重要方面不同于 PV 函数:一是 PV 函数假定相同的支付额,NPV 则允许可变支付额;二是 PV 函数允许支付和收入发生在周期开始或者结束,而 NPV 函数假定所有支付和收入都均等分布,发生在周期结束。

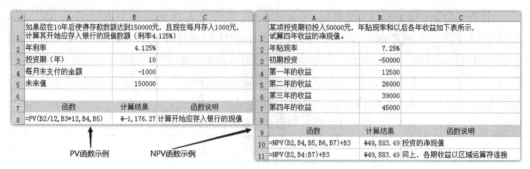

图 2-20 PV 和 NPV 函数用法示例

2）终值函数

FV 终值函数：一般基于固定利率和等额分期付款方式，返回某项投资的未来值。

语法：FV(rate, nper, pmt, pv, type)

从函数的语法构成即可看出，FV 函数可用于计算复利终值、年金终值以及在含有年金和现值情况下的终值计算。

图 2-21 列举了 FV 函数的具体用法。

	A	B	C
1	假设目前一次性投资2000元，并且在今后的每年从收入中提取500元存入银行，以年利率4.125%计算15年后的金额		
2	年利率	4.125%	
3	付款期总数（年）	15	
4	各期应付金额	−500	
5	现值	−2000	
6	函数	计算结果	函数说明
7	=FV(B2,B3,B4,B5,1)	¥14,189.52	以期初付款的方式计算的15年后的金额
8	=FV(B2,B3,B4,B5,0)	¥13,772.67	以期末付款的方式计算的15年后的金额

图 2-21 FV 函数用法示例

3）年金函数

PMT 函数：计算在固定利率下，贷款的等额分期偿还额。

语法：PMT(rate, nper, pv, fv, type)

PPMT 函数：计算在定期偿还、固定利率条件下给定期次内某项投资回报（或贷款偿还）的本金部分。

从函数的语法构成可以看出，PMT 和 PPMT 函数的计算允许有到期未完全偿还的情况（fv 参数），此外，PMT 与 PPMT 的差额即为固定利率条件下各期偿还的利息部分，这部分值亦可由财务函数 IPMT 计算得出，此处不再赘述。

图 2-22 列举了上述两函数的具体用法。

图 2-22　PMT 和 PPMT 函数用法示例

除了上述现值、终值及年金函数以外,资金时间价值相关函数还包括 RATE、IRR、NPER 等,其具体应用方法可参阅 Excel 官方网站或相关专门书籍。

2.3.2　其他财务会计函数

1)折旧计算函数

常用的折旧方法有直线法、年数总和法及倍率余额递减法,这些方法在 Excel 函数中都能找到对应的函数来进行计算。这些函数中的一些参数也具有通用的含义,见表 2-12。

表 2-12　折旧函数常用参数含义

参数名	含　义
cost	固定资产原值
salvage	固定资产使用年限终了时的估计残值
life	固定资产进行折旧计算的周期总数,亦称固定资产的生命周期
per/period	固定资产进行折旧的期次
start_period	进行折旧的开始期次,须与生命周期的单位相同
end_period	进行折旧的结束期次,须与生命周期的单位相同
factor	加速折旧中的余额递减速率
no_switch	逻辑值,指定当折旧额超出用余额递减法计算的水平时,是否转换成直线折旧法

(1)直线折旧法(各期折旧额一样)

$$年折旧额 = \frac{原始成本 - 预计净残值}{使用年限}$$

对应函数:SLN(cost,salvage,life)

(2)年数总和法(加速折旧,逐期递减)

$$年折旧额 = \frac{(原始成本 - 预计净残值) \times 尚可使用年限}{使用年限之和}$$

对应函数:SYD(cost,salvage,life,per)

（3）双倍余额递减法（加速至小于直线折旧）

年折旧额=期初固定资产账面余额×双倍直线折旧率

$$双倍直线折旧率=2\times\frac{1}{预计使用年限}\times100\%$$

对应函数：DDB(cost,salvage,life,period,factor)

（4）倍率余额递减法（某时期内折旧额）

对应函数：VDB(cost,salvage,life,start_period,end_period,factor,no_switch)

对于上述 DDB 和 VDB 函数,需要注意的是:双倍余额递减法(DDB)是倍率等于2的倍率余额递减法(VDB),是倍率余额递减法的特例;VDB 与 DDB 都采用倍率余额递减法来进行折旧,但 VDB 函数可计算任一期间的折旧额,DDB 只计算某一期的折旧额。

以上方法的具体应用在后续章节中体现。

2）债券及其他金融函数

Excel 还提供了若干与债券及其他金融计算相关的财务函数,如可实现名义利率与实际利率间转化的 EFFECT、NOMINAL 函数,便捷计算债券发行价格的 PRICE 函数,计算每年付息债券持有收益率的 YIELD 函数等,并且随着版本的不断更新,还在陆续推出更多功能的相关函数,具体应用方法可参阅 Excel 官方网站或相关专业书籍。本书中用及此类函数不多,故此处不再详述。

第3章 图形图表与数据分析

图形图表的优势作用体现在能将抽象数据快速传达为形象信息,并引导阅读者最先专注于重点,可以更加直观清晰地显示各要素间的关系,从而使信息的表达生动、美观。Excel 提供了丰富的图表、迷你图、图片、形状、艺术字、剪贴画和 SmartArt 等图形图表常用模板和要素,能够帮助用户迅速生成效果优质的图表。此外,自定义图表和绘图功能也能满足包括财务管理在内的更多应用场景的需求。

3.1 图形图表的绘制及应用

3.1.1 图形图表的绘制思路及方法

常用的商业图表一般有基于数据的图表和非数据类的图形,图 3-1 描绘了一些常见的图形图表类型。非数据类的图形主要有列表、流程图、层次结构图、循环图、关系图、矩阵图、棱锥图等,这些图形可以借助 Office 通用的 SmartArt 工具方便快捷地创建,财务管理所涉及的图表大多为数据类图表,因此下文的描述主要基于此种类型。

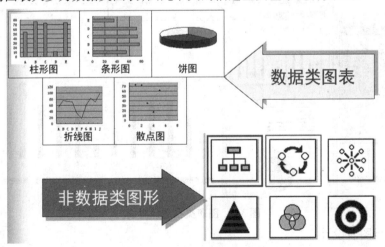

图 3-1　常见的图形图表类型

51

1) 图表的绘制思路

对于数据类图表来说,数据是图表的基础,创建图表需要根据数据的内容和呈现的目的来进行,方能最大化发挥图表的优势作用,因此,正确的图表绘制思路至关重要。一般应依循如下步骤:

(1) 明确图表要表达的信息

这一步必须明确图表需要呈现的具体目的是什么,实际上是解决"what"的问题。

(2) 选取合适的图表类型来呈现

这一步需要选择适宜呈现源数据类型的图表,实际上是解决"which"的问题。Excel一般会根据用户选取的数据源区域推荐相应的图表类型,用户需要根据第一步的呈现需求选用推荐类型或另选其他图表类型。这一问题的具体阐述将在3.1.2中进行。

(3) 按需要对初制成的图表进行雕琢

这一步需要在上一步自动生成图表的基础上,根据用户和图表使用者的阅读与审美习惯,对图表中各元素的细节进行编辑和调整,从而形成最佳的视觉效果。实际上是解决"how"的问题。这一问题的具体阐述将在3.1.3中进行。

2) 图表的绘制方法

图表的绘制方法,是创建图表的具体过程,一般遵循如下流程:

(1) 选择图表类型

创建基于数据的图表,可以首先选定数据源区域,这种操作有助于Excel向用户推荐合适的图表类型,用户可以接受推荐或另选其他类型;如果用户有明确的思路,也可以直接选择图表类型,再设置数据源区域。图3-2显示了Excel图表类型选择界面。

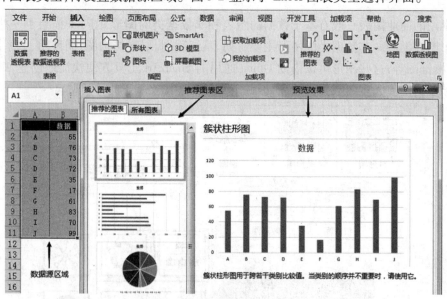

图3-2　图表类型选择界面

(2) 进行图表设计

完成第1步之后,当前工作表中自动创建出图表,此时图表区处于选定状态,可使用

Excel 图表工具下的"设计"菜单,对图表的布局、样式、位置等按需求进行设置,如图3-3所示。

图表布局:在图表中显示的图表元素及其位置的组合。

图表样式:在图表中显示的数据点形状和颜色的组合。

图表位置:可以选择显示在当前工作表中或新工作表中。

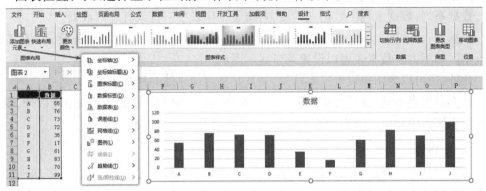

图3-3　图表设计

同时,在设计菜单下也可以切换行/列位置、重新选择数据及更改图表类型,即对上一步的内容做出调整。

(3)调整图表格式

通过图表工具下"设计"菜单相邻的"格式"菜单,可以对前一步生成的图表中元素和对象的格式进行调整设置。这同时要求用户对图表的组成部分有清晰的认识,Excel图表由图表区、绘图区、标题、数据系列、图例和网格线等基本元素构成,此外,还可能包括数据表模拟运算表和三维背景等在特定图表中显示的元素。图 3-4 显示了图表的组成元素。

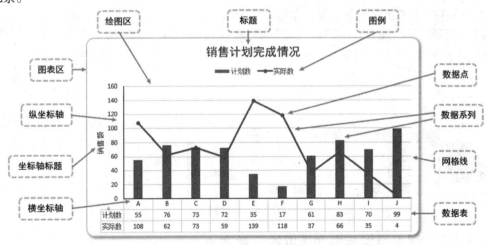

图3-4　图表的组成元素

图表区:图表的全部范围。

绘图区:图表区内的图形表示区域,即以两个坐标轴为边的长方形区域。

图表标题:显示在绘图区上方的文本框,说明图表的主要内容。

坐标轴：Excel 默认显示横坐标轴和纵坐标轴,坐标轴按引用数据不同可分为数值轴、分类轴、时间轴和序列轴。

坐标轴标题：显示在坐标轴外侧的文本框,标示对应坐标轴的内容。

图例：由图例项和图例项标识组成,可以设置显示在绘图区的不同位置。

数据点：每个数据点对应工作表中的某个单元格内的数据。

数据系列：数据系列由数据点构成,对应于工作表中一行或者一列数据。

数据表：显示图表中所有数据系列的源数据,如果设置显示数据表,一般会固定显示在绘图区的下方。数据表可以设置兼带显示图例。

此外,还可以为图表设置三维背景,使其具备更加立体的视觉效果。

以上对图表类型、设计和格式的设置和调整,除了可以使用功能菜单完成以外,也可以在图表区选中相应的图表元素,通过右键菜单打开详细选项进行设置。

3）迷你图

迷你图是可以存在于 Excel 工作表单元格中的一个微型图表,可以一目了然地反映一系列数据的变化趋势或凸显极值。与传统的 Excel 图表相比,迷你图具有以下特点：

①迷你图是单元格背景中的一个微型图表,而传统图表是嵌入在工作表中的一个图形对象。

②迷你图图形简洁,占用空间小,没有图表标题、图例、数据标志、网络线等图表元素,也不能制作多图表类型的组合图。

③迷你图主要体现数据的变化趋势或者数据对比,并可以根据需要突出显示最大值和最小值,因此 Excel 仅提供 3 种迷你图类型：折线迷你图、柱形迷你图和盈亏迷你图。

④迷你图可以像自动填充公式一样方便地创建一组图表,使用迷你图的单元格仍可以输入文字和设置填充色。

图 3-5 显示了迷你图及其设计菜单。

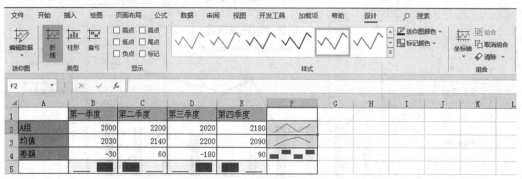

图 3-5　迷你图

3.1.2　图表类型与图表选取的一般规律

新版的 Excel 提供了 16 种图表类型,一些图表类型还包括多种子图表类型,当存在多组数据的情况下,还可以让每组数据呈现不同的图表类型从而形成组合图。可供选择的图表如此丰富,如何选择适宜的图表类型来实现优质的信息表达就显得尤为重要。图

3-6 左侧列表显示了图表大类,右侧显示了部分不含子图表类型的图表。本部分介绍主要的图表类型及图表选取的一般规律。

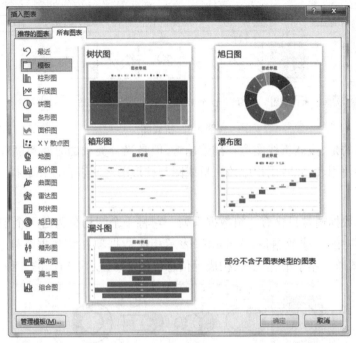

图 3-6　图表类型

1)柱形图

柱形图是最常被使用的图表类型之一,一般在以下场景中适宜选择:

①用于描述不同时期数据的变化情况。

②用于描述不同类别数据之间的差异。

③用于同时描述不同时期、不同类别数据的变化和差异。

图 3-7 显示了柱形图的各种子图表类型。

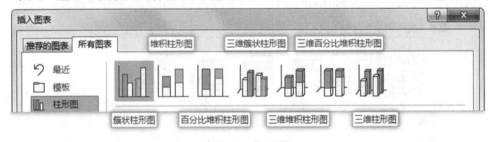

图 3-7　柱形图

2)折线图

折线图是用直线段将各数据点连接起来而组成的图形。折线图可以清晰地反映数据的增减趋势、速率及规律、峰值等特征。一般在以下场景中适宜选择:

①用于分析数据随时间的变化趋势。

②用于分析多组数据随时间变化的相互作用和相互影响。

图 3-8 显示了折线图的各种子图表类型。

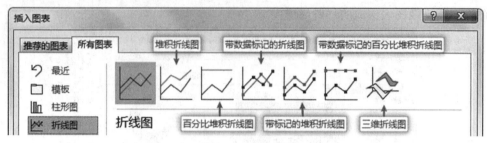

图 3-8　折线图

需要注意的是,虽然折线图意在描绘趋势,但是当分类轴的时间跨度较大时,折线图有可能会误导使用者,此时用户应该在折线图与柱形图之间进行谨慎选择。

3)饼图

饼图的源数据通常只含有一组数据系列。它将一个圆划分为若干个扇形,每个扇形代表数据系列中的一项数据值,大小用来表示相应数据项在该数据系列总和中的占比值。因此,饼图通常用于描述比例、构成等信息。图 3-9 显示了饼图的各种子图表类型。

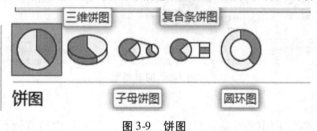

图 3-9　饼图

4)条形图

条形图类似于水平的柱形图。它使用水平的横条来表示数据值的大小。一般把分类项在垂直轴上标出,把数据的大小在水平轴上标出。条形图主要用于比较不同类别数据之间的差异情况,它不强调时间的变化。图 3-10 显示了条形图的各子图表类型。

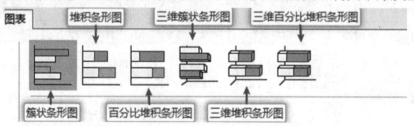

图 3-10　条形图

5)面积图

面积图可视为是折线图的另一种表现形式,它使用折线和分类轴(x 轴)组成的面积以及两条折线之间的面积来显示数据系列的值。因此,面积图不仅可以用于表达数据随时间的变化趋势,还能通过显示数据的面积来呈现部分与整体的关系。图 3-11 显示了面积图各子图表类型。

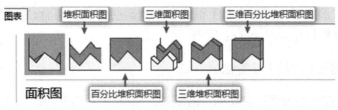

图 3-11　面积图

6）XY 散点图

XY 散点图显示了多个数据系列的数值间的关系,同时它还可以将两组数字绘制在 xy 坐标系中,表现为线或一系列点的形态,所以它能显示数据的不规则间隔。因此,除了用于显示数据的变化趋势以外,XY 散点图尤其适用于描述数据之间的关系,比如,两组数据间是否相关,其集中程度和离散程度如何等。图 3-12 显示了 XY 散点图的各子图表类型。

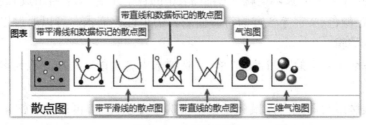

图 3-12　XY 散点图

7）股价图

顾名思义,股价图是财务金融领域较为实用的一类图形。它用于显示股票价格的变化。其他一些必须以正确顺序组织数据才能创建有意义图形的科学数据也适用此图。图 3-13 显示了股价图的子图表类型及其各自对数据组织顺序的要求。

图 3-13　股价图

其他一些图形如:曲面图,有助于得到两组数据间的最佳组合;雷达图,适用于采用多项指标全面分析目标情况。此处不再一一详述。

3.1.3 图表的编辑与美化

由 Excel 按选定图表类型自动插入的图表,一般都采用内置的默认样式,只能形成初制的简单图表。在实际应用中,用户面临的使用场景和图表送呈对象千差万别,因此,若希望用图表更清晰地表达数据的含义,或制作符合个性化需求的图表,就需要对初制图表做进一步的编辑与美化处理。本书不细述具体的操作过程,只列出基本的实现途径与美化原则。

1)图表元素的编辑途径

对图表的编辑与美化实际上就是修饰图表中的各个元素(图表各组成元素见图3-4),使它们在形状、颜色、文字等各方面符合使用者的个性化需求。可以通过以下途径实现对图表元素的编辑:

①通过图表工具下的"设计"或"格式"选项卡中各功能区菜单选取元素做进一步的编辑。

②在图表区或绘图区内以鼠标左键单击选中图表元素,再通过右键菜单进行格式调整。

③在图表区或绘图区内直接以鼠标左键双击需要编辑的图表元素进行格式调整。

2)图表编辑与美化的一般原则

制作与呈现信息目标相匹配的图表,效果才是优质的。追求罕见的图表类型或是面面俱到的图表元素反而可能使阅读者难以理解,或是无法注意到重点信息。因此,图表的编辑与美化应当遵循以下基本原则:

①图表应传达明确的信息。

②图表内容应与标题对应。

③图表元素应精练而有效。

④图表样式应清晰而易读。

3.2 简单数据分析功能

3.2.1 数据的查找与筛选

面对表格中的大量数据,往往需要在其中根据某些内容特征查找符合条件的对应数据,再进行后续的处理和分析,从而获取有价值的信息。Excel 提供的查找、筛选功能可以极大提高数据的查询效率,相对于借助公式与函数进行查找,这种方法对技术要求不高,可以应对一般简单数据分析所需的查询与整理工作。

1）数据的查找

（1）多种选项条件下的查找

常规的查找操作这里不再叙述。在对一定区域或整个工作表内的数据进行查询时，往往面临更多复杂的情况，Excel 查找与替换功能可以帮助用户实现对满足特定条件数据的查询，图 3-14 为展开更多"选项"的 Excel 查找和替换对话框。

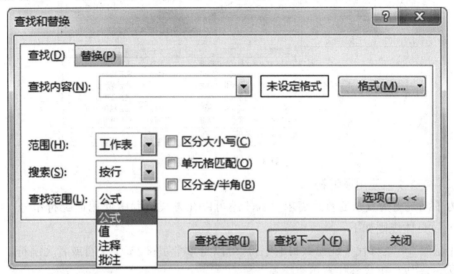

图 3-14　展开的查找和替换对话框

查找和替换的各选项含义阐释如下：

①范围：可在下拉列表中选择查找对象的目标范围，有"工作表"和"工作簿"两个可选项，默认为在当前工作表中查找。

②搜索：可在下拉列表中选择查找对象时的搜索顺序，有"按行"和"按列"两个可选项，"按行"即为行号小的优先进行搜索，"按列"即为列号小的优先进行搜索，默认为"按行"搜索。

③查找范围：可通过这一下拉列表选择查找对象的类型。默认为"公式"，即查找所有单元格数据及公式中所包含的内容。"值"则指仅查找单元格中的数值、文本及公式运算结果，而不在公式内容中查找。"注释"指仅在注释内容中查找。"批注"指仅在批注内容中查找。

④区分大小写：通过是否勾选决定查询时是否区分英文字母的大小写。如果勾选，则含有"caf"的单元格不会出现在查找内容为"CAF"的结果中。

⑤单元格匹配：通过是否勾选决定查找的目标单元格是否仅包含要查找的内容。如果勾选，则查找内容为"caf"的结果中不会出现含有"cafe"的单元格。

⑥区分全/半角：通过是否勾选决定查找时是否区分全角和半角字符。如果勾选，则查找内容为"CAF"的结果中不会出现含有"Ｃ Ａ Ｆ"的单元格。

除了上述 6 个选项之外，Excel 还能实现按对象格式进行查找，即在查找时只包含格式匹配的单元格，图 3-15 显示了查找格式的结果。

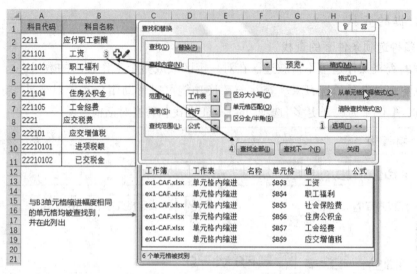

图 3-15 按格式查找

（2）在查找中使用通配符

为了满足更为复杂的查找需求，Excel 还可以在查找过程中使用通配符星号"＊"和问号"？"，具体规则如下：

①星号"＊"：可代替任意数目的字符，可以是单个字符、多个字符或者无字符。

②问号"？"：可代替任意单个字符。

例如，要在表格中查找含有以"c"开头，"f"结尾的内容，应当在"查找内容"栏内输入"c＊f"，此时表格中含有诸如"California""chief""cafe""account for""CAF"等的单元格均会被列为查找结果，如果对上述同样区域以"c？f"作为查找内容，则只有"cafe"和"CAF"会被查找到，进一步地，如果同时勾选了"区分大小写"选项，则查询结果只列出包含"CAF"的单元格。

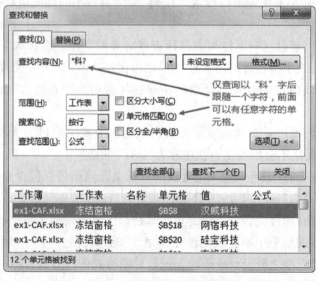

图 3-16 同时使用通配符和选项进行查找

图 3-16 显示了一个应用通配符和选项配合使用查找特定内容的例子。

需要说明的是,如果用户要查找字符星号"＊"或问号"?"本身,而不是将其作为通配符来使用,则需要在之前加上波浪线符号"～"(形如"～?"或"～＊")。如果要查找字符"～",则同样在其之前加一个"～",即以"～～"来表示。

可以想象,使用通配符配合各类选项、格式进行对象的查找,能够胜任许多复杂条件下的查找任务,如果运用得当,甚至能成为部分公式与函数查找的替代方案。

2)数据的筛选

Excel 中的筛选一般指对数据列表的筛选。在管理数据列表时,根据某种条件筛选出匹配的数据是一项常见的需求。即筛选结果只显示符合用户指定条件的行(记录),而隐藏数据表中的其他行(记录)。按其条件的简繁程度,可以分为普通筛选和高级筛选。

(1)普通筛选

当筛选条件比较简单时,使用 Excel 的功能菜单即可完成对以下需求场景的筛选任务。启用筛选功能前应先选中待筛选区域的任一单元格。

①按文本特征筛选。

②按数字特征筛选。

③按日期特征筛选。

图 3-17 显示了针对文本、数字及日期特征下的筛选功能菜单。

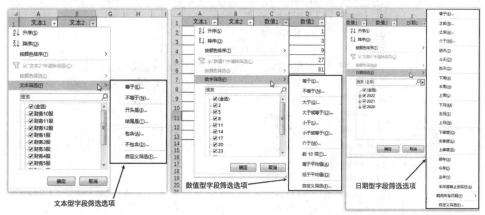

图 3-17　文本、数字及日期特征下的筛选功能菜单

可以看到,每类特征下的筛选功能菜单都包含有一项"自定义筛选"选项,点选此项,可以在打开的"自定义自动筛选方式"对话框中设置更精细的筛选条件,如图 3-18 所示。

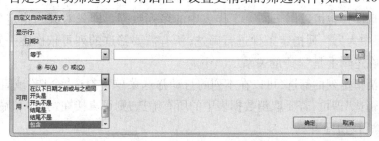

图 3-18　在日期筛选菜单下打开的"自定义自动筛选方式"对话框

需要说明的是：

在"自定义自动筛选方式"对话框中设置的条件，Excel 不区分大小写字母(针对文本型数据)；文本、数值、日期等各类不同特征下的"自定义自动筛选方式"对话框中的下拉菜单略有不同，并且，并非所有下拉菜单中显示的运算关系都可用于本类字段。比如，"包含"运算只适用于文本型数据筛选，但无法在数值型和日期型数据筛选中起效。

④通配符筛选。在图 3-18 所示的"自定义自动筛选方式"对话框中，除了在左侧下拉菜单中选择用于筛选的运算关系，还可以在右侧列表框中输入含有通配符的条件。通配符支持仅代表一个字符的问号"？"，和可代表从无到任意多字符的星号"＊"。具体使用方法与前文提及的数据查找中使用通配符的方法一致，此处不再赘述。需要注意的是，通配符仅能用于文本型数据筛选，对数值型和日期型数据无效。

⑤按特殊格式筛选。Excel 也提供了功能菜单来支持按字体颜色、单元格颜色或图标等特殊格式作为条件的数据筛选。当要筛选的字段中设置过字体颜色或单元格颜色，或由条件格式生成了单元格图标时，筛选下拉菜单中的"按颜色筛选"选项变为可用，可以此筛选应用了指定格式或未应用指定格式的数据，如图 3-19 所示。但是，此功能一次只能按一种颜色来进行筛选。

图 3-19　按颜色筛选

上述筛选操作也可以用于同一工作表中的多列数据。即先对某列指定条件进行筛选，再在结果中为另一列指定条件进行筛选，所有需要筛选的列可依次逐一筛选。指定的条件之间在逻辑上是"与"的关系。

若要取消指定列的筛选，可以在本列的自动筛选菜单中勾选"全选"或直接选择"从列名中清除筛选"即可；若要取消数据表中的所有筛选，则可直接在"排序和筛选"功能区中点击"清除"按钮即可。

当要对筛选结果进行复制时，只有筛选出的可见行(记录)被复制，同样，删除操作也仅对筛选出的可见行(记录)有效。

(2)高级筛选

Excel 高级筛选功能不仅能实现普通的自动筛选的所有效果,还可以进一步设置更多更复杂的筛选条件,甚至将计算公式作为筛选条件,而且能将筛选结果复制到其他指定位置,也能筛除结果中的重复记录。

①高级筛选的条件区域。高级筛选不同于普通的自动筛选,它要求在一个工作表区域内单独指定筛选条件,并与数据列表的数据分开来,通常把条件区域放置在数据列表的上方,因为如果将条件区域放置在与数据列表行的左右区域,很可能会在执行筛选的过程中因所在行数据被筛除而隐藏不见。建立高级筛选的条件区域一般应遵循如下原则:

● 条件区域至少由两行组成,第 1 行中必须包含数据列表中待筛选列的标题,且名称必须完全一致。

● 条件区域内标题行以外的行内需要填写具体的筛选条件,且筛选条件应与其作用的列标题位于条件区域的同一列中。

②高级筛选的条件设置。在高级筛选中可以使用多个条件,其内容可以是文字,或是指定值,也可以使用比较运算符及通配符。这些条件在条件区域的填写位置决定了执行筛选时它们间的逻辑关系,填写位置遵循如下原则:

● 位于条件区域内同一行的条件相当于 AND 关系,即筛选时执行逻辑"与"的运算。

● 位于条件区域内不同行的条件相当于 OR 关系,即筛选时执行逻辑"或"的运算。

图 3-20 和图 3-21 显示了高级筛选中的两种不同运算关系及其执行结果。

图 3-20　执行"与"运算的高级筛选

图 3-21　同时执行"与"运算及"或"运算的高级筛选

③高级筛选的结果呈现。在"高级筛选"对话框中点选"将筛选结果复制到其他位置",并在"复制到"编辑框中指定目标位置,即可将筛选结果输出至本工作表指定位置或本工作簿的其他工作表中,方便后续对结果数据的使用;如果勾选该对话框最下方的"选择不重复的记录"复选框,所有适合指定条件的重复记录都会被隐藏起来,若没有指定条件区域,则所有的重复记录都会被隐藏起来。图 3-22 显示了复制筛选结果和筛除重复记录的呈现效果。

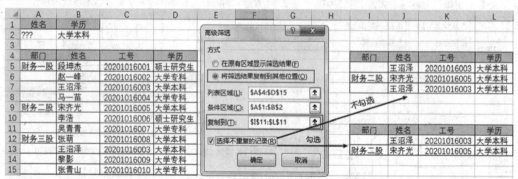

图 3-22　复制筛选结果和筛除重复记录

3.2.2　数据的排序与分类汇总

在处理数据的过程中,查找与筛选可以帮助用户定位或复制出符合指定条件的数据,但并不能将多种不同特征的数据分类,并把同种数据集中排列在一起。要实现这种整理效果,需要用到 Excel 的排序及分类汇总等功能。

1)数据的排序

在 Excel 中,用户可以按需求实现多种排序效果。简单的自动排序默认对某列数据进行升序或降序的排列,此处不再叙述。以下列举若干其他排序方式。

(1)多关键字(列)排序

很多场景下都要求不只对某一列数据排序,而是需要对多列数据按照为各列指定的关键字进行排序,并且各列数据的升、降序列要求也未必一致,这就是极为常见的多关键字排序。图 3-23 显示了一个多关键字排序的例子。

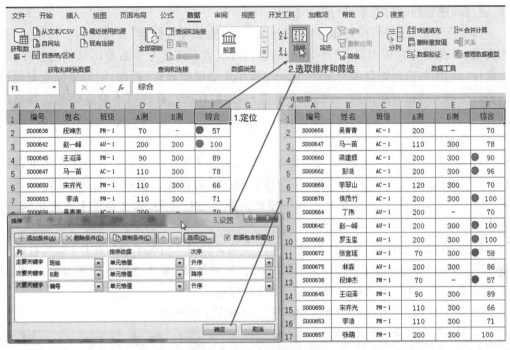

图 3-23 多关键字(列)排序

在图 3-22 中,按重要性依次添加关键字,并设置排序依据和序列的升/降序要求,在结果中可以看到,关键字重要性最优先的"班级"列完全按升序排列;其次的"B 测"列值,由于 Excel 的逻辑排序原则为逻辑值>文本值>数值,因此被视为文本的"-"排在数值 300 之前,符合"班级"一致的情况下所设置的"降序"排列规则;最后,由于每班都有多条记录的"B 测"值为 300,依据第三关键字将"B 测"值相同的记录按"编号"升序排列。

上述结果也可以通过多次对单列数据进行简单自动排序达成。由于 Excel 在多次排序时,先被排序的列会在后续其他列排序过程中尽量保持自己已有的排序,所以使用多次简单排序对多列数据进行排序的一般原则是:先排序最次要关键字(优先级最低)列,再排序较重要关键字列,最后排序最重要关键字(优先级最高)列。如应用至图 3-23 中的例子,则需按"编号"(升序)-"B 测"(降序)-"班级"(升序)的次序来进行排序。

(2)排序依据和排序选项

● 特殊格式排序

在实际工作中,用户经常会对表格中的一些数据设置背景色或字体颜色来标识其特殊性,或是使用条件格式为一些单元格添加图标,对于这些情况,Excel 除了默认以单元格值作为排序依据之外,也能识别上述特殊格式标识并支持以其作为排序依据,从而实现更加灵活的数据整理效果。

- 按行排序

Excel 默认的排序方向是按列排序,即在表格中按某列关键字的属性序列调整各行的位置,但某些数据表中的属性是按行分布的,如果希望在不对原数据进行转置的情况下完成排序,可以调整排序选项的方向为"按行排序",此时 Excel 将把行标号作为关键字,通过调整各列的位置来进行排序。

需要注意的是,使用按行排序时,排序窗口的"数据包含标题"复选项将不可用,这是因为 Excel 的排序功能中没有行标题的概念,因此,如果选定全部数据区域按行排序,则包含行标题的数据列也会参与排序,从而出现排序结果的异常(例如,文本型标题与同行的数值型单元格按升序排列,会被排至尾部)。所以在按行排序时不能选择整个数据区域,而应空出标题区域不选,使标题区保持自己的位置而不参与排序。

- 笔画排序

Excel 对文本的排序方法默认是依照字母顺序进行的,对英文文本的排序还可以选择是否区分大小写,如果区分,则升序条件下同一字母的小写排在大写之前;对汉字文本,是按拼音首字母在 26 个英文字母中出现的顺序进行排列,若文本首字音序相同,则依次比较第二字、第三字……以此类推。

但是,在汉字的使用习惯中,往往需要按照笔画的多寡情况来决定次序(如按姓氏笔画排序),Excel 也能通过在"排序选项"中设定"笔画排序"来支持这一排序习惯,对相同笔画的汉字,Excel 按照其对应的内码顺序进行排序。

图 3-24 显示了 Excel 排序依据和排序选项的多个可选项。

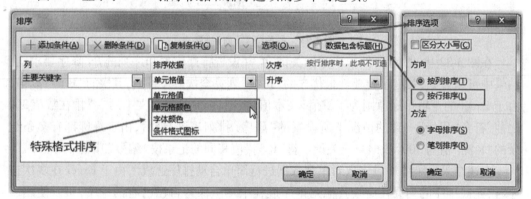

图 3-24 排序依据和排序选项

(3)自定义排序

在某些场景下,按字母或笔画对文本数据进行排序仍不能满足实际的排序需求。因为 Excel 在未经"学习"的情况下只能识别"字母"的先后或"笔画"的多寡,和其他一些已经过内置的序列次序,如果让它对"学位"进行升序排列,就会出现 Bachelor–Doctor–Master 的明显错误。这一问题可以通过先"教会"Excel 指定的序列规则,再按此规则进行排序来实现,这就是自定义排序的方法。图 3-25 显示了一个自定义排序的例子。

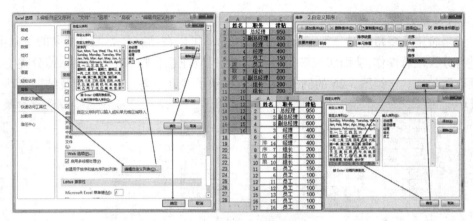

图 3-25　自定义排序

另外,在进行排序时,要注意含有公式的单元格。因为排序引起的数据位置变化可能会导致含有引用的公式引用错误的数据,所以,为了避免发生这种错误,用户在有排序需求的数据表中书写公式时应尽量注意以下事项:

- 如果被排序区域有单元格在公式中需引用区域外的单元格数据,应使用绝对引用。

- 如果需要按列排序,排序后各行位置可能会变动,应避免使用引用其他行数据的公式。

- 如果需要按行排序,排序后各列位置可能会变动,应避免使用引用其他列数据的公式。

2)分类汇总

相比于排序,分类汇总能进一步以数据表中的某一属性作为分类项,对数据表中的其他属性数值进行简单的统计计算,如求和、计数、平均值、极值、乘积等。使用分类汇总功能的前提是必须先对数据表按需要分类汇总的字段进行排序。

(1)简单分类汇总

图 3-26 显示了一个简单分类汇总的例子。

图 3-26　简单分类汇总

（2）多重分类汇总

如果希望从多角度对分类字段进行统计计算,可以在已有分类汇总结果的基础上继续进行分类汇总操作,从而实现多重分类汇总,但应注意将默认的"替换当前分类汇总"选项取消勾选。接续图 3-26 的例子,图 3-27 显示了多重分类汇总的设置及结果。

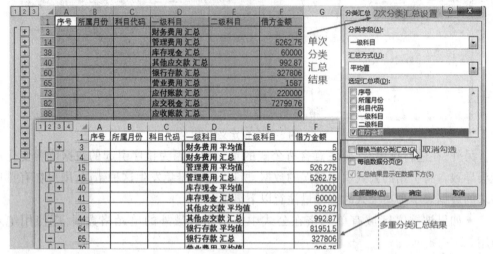

图 3-27　多重分类汇总

另外,如果需要将分类汇总后的数据按各汇总项打印,可以在"分类汇总"对话框中勾选"每组数据分页"选项,Excel 会将各组数据单独打印在一页上;如果要取消已经形成的分类汇总,只需再次打开"分类汇总"对话框,点击左下角的"全部删除"按钮即可。

3.3　数据透视表与数据透视图

3.3.1　数据透视表的基本应用

数据透视表是 Excel 中功能强大的数据分析利器,它是一种对大量数据快速汇总和建立交叉列表的交互式动态报表,综合了数据排序、筛选、分类汇总等简单数据分析工具的优点,能够帮助用户灵活方便地分析和组织数据,从多个不同角度高效"透视"大量繁杂数据的特征,挖掘有价值的信息,以支持进一步的研究和决策。本部分通过一个具体例子来说明数据透视表的基本使用方法。

1）数据透视表的数据来源

数据透视表的数据源主要来自以下 4 类渠道:

（1）Excel 数据表或数据区域

以 Excel 数据表或数据区域作为数据源,标题行不能出现空白单元格,否则其对应列无法入选数据源;也不能有合并的单元格,否则会出现如图 3-28 的错误提示。

图 3-28　数据源选择报错提示

（2）外部数据源

数据透视表可基于外部的多种数据来源创建，如文本文件、SQL Server 数据库、Access 数据库、OLAP 多维数据集等。

（3）多个独立的 Excel 数据列表

通过建立多个独立表格间的关系，数据透视表在创建时选择"使用此工作簿的数据模型"即可实现多表数据信息汇总。

（4）其他数据透视表

创建完成的数据透视表也可以作为另一数据透视表的数据来源。

2）数据透视表的创建

以某公司各区域销售人员 2020 年完成订单的业绩情况为背景案例，图 3-29 显示了初步创建数据透视表的具体步骤，由于数据透视表是灵活多变的交互式报表，与数据源区域放置于同一工作表内可能会互相影响，因此一般选择在新工作表中创建。

图 3-30 是已经创建但未经布局的空白数据透视表，左侧为数据透视表布局效果的内容区，右侧是数据透视表字段对话框。

"数据透视表字段"对话框中清晰地反映了数据透视表的结构组成：报表筛选区域、行区域、列区域、数值区域和字段列表区域。这个对话框相当于数据透视表的一个简单操控面板，使用它可以轻易地向数据透视表内添加、删除和移动字段，设置字段格式，甚至对字段进行排序和筛选。

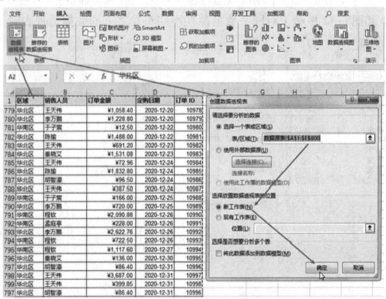

图 3-29　创建数据透视表

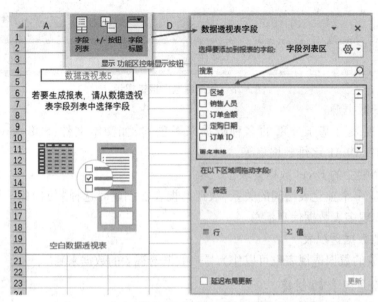

图 3-30　空白数据透视表和数据透视表字段对话框

注意：

单击数据透视表覆盖区域以外的区域，"数据透视表字段"对话框会自动隐藏，点击透视表内区域，此对话框会恢复显示。

3）数据透视表常用基本功能

（1）数据透视表的布局

在"数据透视表字段"对话框中拖放字段可以完成对数据透视表的布局，字段可以从字段列表区拖入下方的筛选、行、列或值区域；也可以在下方4个区域间互相拖动以调整布局；已经存在于下方区域的字段可以通过拖出对话框区域来删除。

图 3-31 和图 3-32 显示了对同一数据源在不同布局之下的数据透视表效果。

图 3-31　数据透视表布局效果 1

70

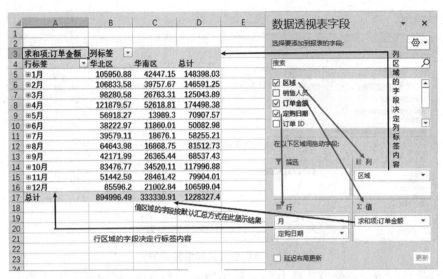

图 3-32 数据透视表布局效果 2

从布局方案和对应的效果图可以看出：字段列表中被拖放至筛选区域的字段决定了透视表可以据何进行分页；行区域的字段决定着透视表中行标签的内容选项；列区域的字段决定着透视表中列标签的显示内容选项；值区域的字段和汇总方式则决定了透视表中行、列标签间的数值计算方式和显示结果。数据透视表应根据呈现需求进行布局，每个区域并不一定都需要放置字段，同一字段则可以多次使用，同一区域亦可放置多个字段。

（2）数据透视表的字段编辑

图 3-32 中，被拖放至值区域的"订单金额"自动形成了"求和项：订单金额"的数值标签，经过求和的数值也没有显示为与数据源表一致的货币格式。如果这不符合用户的使用习惯，便可以通过字段编辑来进行修改。图 3-33 以值区域"订单金额"为例显示了值字段的编辑修改方法及修改后的透视表效果。

图 3-33 值字段名称的编辑与修改

由图 3-33 可以看出，对值字段的编辑不仅可以修改其名称和单元格格式，还可以设置值的汇总方式和显示方式，数据透视表会按指定用于汇总所选字段的计算类型进行计算统计，如求和、计数、平均值、方差等，再将结果以指定的显示方式列示于透视表的值区域。如图 3-34 显示了以求和方式汇总数据源的"订单金额"列数据，并以各值占"行汇总百分比"的形式表现在透视表中的效果，实际上就是展现了各月不同地区对当月销售业绩的贡献情况。

图 3-34　值汇总方式和值显示方式

其他字段的编辑与修改方法与值字段类似并相对简单,但由于基本不涉及数值计算,设置窗口与值字段设置略有不同。此处不再枚举,读者可自行查看。

（3）数据透视表内的排序和组合

数据透视表内也能像普通数据表一样实现排序,并在布局完成时自动完成分类汇总。此外,它还能在报表内进行效果类似于分类汇总的组合,组合功能对数字、日期、文本等不同类型的数据项提供了多种组合方式,使得数据透视表的分类汇总功能更加强大。图 3-35 和图 3-36 分别举例展示了透视表内的排序和组合功能。

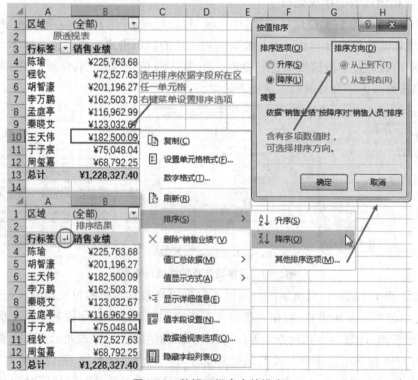

图 3-35　数据透视表内的排序

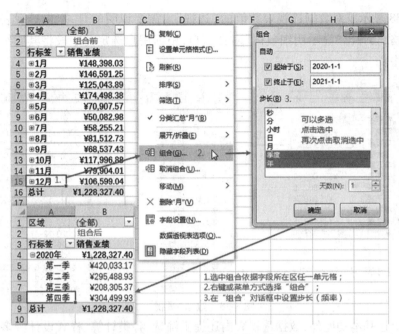

图 3-36　数据透视表内的组合

当用户不再需要某个已经建立的组合时,也可以随时在组合区域使用右键或功能菜单,选择"取消组合",即可将字段恢复至组合前的显示效果。

(4)数据透视表的刷新

当数据源内容发生变化时,数据透视表需要刷新,以保持结果准确。除了手动刷新以外,也可以设置打开数据表文件即自动刷新数据。图 3-37 显示了透视表刷新的几种方案。

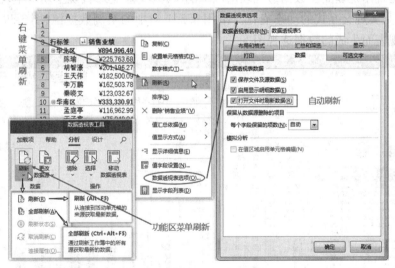

图 3-37　数据透视表的刷新

(5)数据透视表的"透视"

双击数据透视表内值区域任一数值,立刻在透视表所在工作表相邻位置建立新表,并将此数值的明细来源列示于新工作表之内,如同"透视"到形成该数值背后的具体来源。图 3-38 显示了对数据透视表数值的"透视"。需要说明的是,双击透视表内其他区域的单元格,会弹出"显示明细数据"对话窗口,根据用户选定的字段将其明细数据展示在本表当中。

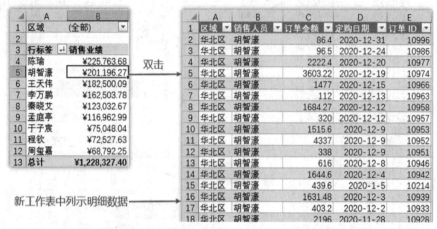

图 3-38　数据"透视"

除了上述基本功能外,数据透视表内还提供筛选、各类计算、样式设计等多种丰富而强大的功能。善用数据透视表,将在包含财务管理在内的很多数据分析工作中如虎添翼。其他更多关于数据透视表的进一步详解,可参阅微软官方网站的"Excel 帮助和学习"或相关专业书籍。

3.3.2　数据透视图

数据透视图是建立在数据透视表基础上的图形,它能更加直观生动地呈现数据分析的结果,并且实现交互式的动态变化。沿用 3.3.1 当中的案例数据源,图 3-39 显示了基于数据透视表而生成的数据透视图。

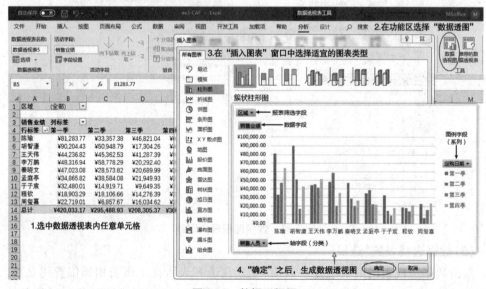

图 3-39　数据透视图

　　与 Excel 中的普通图表相比,数据透视图除了具备一般的图表元素以外,还有一些特有的元素,包括报表筛选字段、数值字段、系列图例字段、分类轴字段、项等。图 3-39 中也对这些元素进行了标示。用户可以像处理普通图表一样处理数据透视图,如更改图表类型、设置图表格式等,当然,由于数据透视表和透视图之间的紧密关联,改变其中一个对象的字段布局,另一对象也会随之发生改变。

　　需要注意的是,有一些特殊的图表类型不能应用于数据透视图,例如,XY 散点图、股价图、树状图、瀑布图、漏斗图等,而且,在透视图中无法直接调整数据标签、坐标轴标题等某些元素的大小,不过可以通过设置字体的大小实现间接调整。

第4章 财务分析模型

财务分析以财务报表和其他相关资料为基础,通过对企业或其他经济组织的筹资、投资、运营、分配等财务活动的过程进行研究,从而评价盈利能力、营运能力、偿债能力和成长能力等状况,以分析企业在生产经营过程中的利弊得失、财务状况及发展趋势,为评价和改进财务管理工作,并为未来进行经济决策提供重要的财务信息。财务分析又称财务报表分析,在财务管理学科的内容体系中是综合性较强的一部分,涉及众多指标数值的计算和比率趋势的呈现,但在 Excel 环境下,借助公式函数与图形图表等基础功能,便可大幅提升计算效率和分析效果。

4.1 财务分析理论与方法概述

4.1.1 财务分析理论综述

经过长期、大量的理论研究和实践推敲,在经济学、管理学领域都形成了一些关于财务分析的经典理论和分析框架。无论计算技术如何进步,这些理论都是正确理解和进行财务分析的必要前提。

1) 有效市场理论与财务分析

有效市场理论(Efficient Markets Hypothesis,EMH)探讨证券的价格是否迅速地反映出所有与价格有关的信息,公认始于芝加哥大学著名教授尤金·法玛(Eugene F. Fama)的题为《证券市场价格行为》的论文。法玛定义了与证券价格相关的 3 种类型的信息:一是"历史信息",即基于证券市场交易的有关历史资料,如历史股价、成交量等;二是"公开信息",即一切可公开获得的有关公司财务及其发展前景等方面的信息;三是"内部信息",即只有公司内部人员才能获得的有关信息。哈里·罗伯茨(Harry Roberts)提出了与不同信息相对应的 3 种不同效率的证券市场。

①弱式有效市场。在市场弱式有效的情况下,市场价格已充分反映出所有过去历史的证券价格信息,包括股票的成交价、成交量、卖空金额、融资金融等;在这类市场上,股票价格的技术分析失去作用,基本分析还可能帮助投资者获得超额利润。

②半强式有效市场。在这类市场上,价格已充分反映出所有已公开的有关公司营运前景的信息。这些信息有成交价、成交量、盈利资料、盈利预测值、公司管理状况及其他公开披露的财务信息等。假如投资者能迅速获得这些信息,股价应迅速做出反应。在半强式有效市场中,技术分析和基本分析都失去作用,掌握内幕消息者则可能获得超额利润。

③强式有效市场。强式有效市场假说认为价格已充分地反映了所有关于公司营运的信息,这些信息包括已公开的或内部未公开的信息。在强式有效市场中,没有任何方法能帮助投资者获得超额利润,即使基金和有内幕消息者也一样。

运用有效市场理论来进行财务报表分析,关键在于分析钩稽关系的影响。既然有效市场理论认为,市场能够对新信息做出迅速敏捷的反应,公司的股票价格已经反映了所有的信息,那么,公司不能通过操纵会计政策来改变公司的股票价格。因为改变会计政策只是对公司的账面价值进行调整,可以改变会计盈利,但是不影响股票价格;也不能通过投资外币或者其他工具来获利;此外,市场价格是企业市场价值最直接的体现,也能反映企业相关的信息,这在财务报表分析中也应被重视。

2) 经济收益理论与财务分析

经济学理论范围广泛,在进行财务分析时,我们重点关注经济收益与会计收益的差异。

①经济收益可以较准确地反映企业收益的本质,即财富的增加,而会计收益更多依赖人为设计的确认和计量模式,包含很多选择、分析、判断和估计程序,强调符合特定的会计标准。

②经济收益不仅包括已实现收益,还包括未实现收益,可以完整反映企业收益信息的全貌;会计收益更强调经营活动,强调实现、应计、配比、历史等概念,不确认未实现收益。

③经济收益更强调资本保全,原始资本必须得到保全,成本耗费得到充分补偿后,超过期初资本的部分,才能确认为收益;在通货膨胀较为严重时,会计收益虽然可使财务资本得到保全,但却不能体现实物资本的保全。

④经济收益的计量按照"期末净资产−期初净资产"的模式进行,只与资产、负债的计量属性有关,不会因为会计核算模式的不同而存在差异;会计收益的计量则根据"收入−费用"的模式进行,会因采用会计方法和程序的不同产生差异。

⑤经济收益的计量结果从属于期初、期末的资产、负债计价,计价方法一经确定,人为选择和判断的空间很小;会计收益在确认和计量过程中包含大量不确定因素,很多地方需要估计和判断,从而使会计收益存在可调整的空间。

3) 公司金融理论与财务分析

公司金融理论是研究公司资金流动和运作规律的科学,它以发达的资本市场为基础。从公司金融的角度进行财务分析,主要关注投资、融资以及资本结构等问题。

(1) 投资活动

投资活动又称资本预算,反映了企业的经营理念,投资不同资产会对企业未来的发展产生不同影响。一般在资产负债表左方体现企业的投资选择及投资理念。

①经营性投资,包括现金、应收账款和存货等几类。体现企业的经营活动,是企业的主营业务,也是产生现金流的主要来源。经营性投资可以用马克思的再生产理论进行解释,同时也体现了不同企业的行业特征。

②固定资产投资,是企业直接投资于生产力的长期投资,也是企业管理层的战略体现。

③无形资产投资,属于企业的价值型投资。

④金融资产投资,包括股权和债权投资,尤其是股权投资,体现企业的扩张战略。也是体现现代企业重要特征的投资。通常所说的并购重组,就是企业通过股权投资实现的资本扩张战略。公司进行股权投资所要解决的主要问题包括:投资对象的选择、并购定价、收购后的整合等。

(2)融资活动

有了明确的投资目标,公司往往需要考虑如何筹集(融得)所需资金的问题。通常有两种融资方式:负债融资和权益融资。负债是指向银行等信用机构借款或者发行债券,举债的成本一般体现为利息;权益融资一般是指普通股融资,融资的成本是到期需向股东支付的股利。根据公司金融的资本成本理论,优选使公司价值最大且融资成本最小的融资方式或是融资组合。

资产负债表的右方通常能反映企业的融资情况,此外,融资活动会直接影响现金流,最终影响公司的净现金流,并影响公司的未来发展。融资所要解决的主要问题包括:融资规模的确定、融资方式的选择、资本成本的确定等。

(3)资本结构

一般而言,企业最初都会通过举债来筹集资金,发行债券以利息为融资成本,且筹集资金来源广,数量大,任何投资者都可以购买企业发行的债券。等到企业成长壮大之后,如果发行股票融资低于举债的成本,企业就会发行新股,并用发行股票的收入回购部分债券。因此很多企业最终都会同时举债和发行股票,产生了负债和权益的比例——资本结构的问题。最优资本结构是融资成本最小时的负债和权益的比例。合理的资本结构才能更好地实现公司价值,促进其未来的发展。

此外,利润分配也是公司金融的一个重要组成部分,股利支付率决定了公司的净利润中有多少用于股利支付,多少用于留存收益,所以留存收益是公司发放股利的机会成本,支付给股东的股利价值要用该机会成本衡量。股利分配政策在公司经营中起着至关重要的作用,关系到公司未来的长远发展、股东对投资回报的要求和资本结构的合理性。

4)财务会计理论与财务分析

财务会计理论从财务会计、管理会计、决策会计3个方面对公司财务进行分析。财务会计是最基本的方法,提供财务状况等经济信息;管理会计为决策提供方法;决策会计有预测功能,计量和控制未来的损失和收益。

(1)财务会计

财务会计是以为外部与企业有经济利害关系的投资人、债权人和政府有关部门提供企业的财务状况与盈利能力等经济信息为主要目标而进行的经济管理活动。财务会计是现代企业的一项重要的基础性工作,通过一系列会计程序,对企业已经完成的资金运行进行全面系统的核算与监督,为经营管理决策提供有用信息,并致力于提高企业经济效益,为市场经济的健康有序发展提供服务。

(2)管理会计

管理会计,又称"内部报告会计",是为了提高企业经济效益,通过一系列专门方法,利用财务会计提供的资料及其他资料进行加工、整理和报告,使企业各级管理人员能据以对日常发生的各项经济活动进行规划与控制,并帮助决策者做出各种专门决策的一个会计分支。现代管理会计的职能作用,从财务会计单纯的核算扩展到解析过去、控制现在、筹划未来有机地结合起来,形成一种综合性的职能。管理会计对企业而言作用甚大,可以提供战略决策信息以及帮助制定商业战略,从而为经营决策提供信息;可以计量财务和非财务绩效并报告给管理层和其他利益相关者;可以帮助制定有效的融资和激励策略,计划长期、中期、短期的运营,并确保资源的有效利用;还可以帮助实施公司治理、风险管理和内部控制程序等。其中,包含了总体战略、业务战略和职能战略的公司战略管理,被更多地应用于财务分析之中。合理参照和使用,有利于提高企业的核心竞争力。

(3)决策会计

决策会计是运用会计学的基本理论与方法系统地、科学地描述企业各项决策方案的形成,对企业未来的经营活动及结果做出超前评价的一种"事前规划型"会计。它通过财务会计信息和其他有关信息,对资金、成本、销售及利润等专门问题进行科学的预测和决策分析,然后在此基础上,把通过决策程序所确定的目标用数量形式加以汇总、协调,编制成企业的全面预算,再按照责任制的要求加以分解,形成各个责任中心的责任预算,用来规划和把握未来的经济活动。将决策会计理论用于财务报表分析,主要是通过财务报表反映的趋势,进行未来的预期和规划。

梳理以上各种理论可以看出,"价值"在财务分析中具有重要的意义。实际上,公司的目标在于创造价值,财务分析也围绕价值展开,如果说财务报告的生成过程是一个从商业环境、公司战略、经济活动到数据结果的过程,则财务分析过程便是一个从结果倒推会计处理质量、经济活动状况、公司战略方向和商业环境的过程。

4.1.2　财务分析的一般方法

在经济社会中,许多群体基于各自的需求会进行财务分析。在企业内部,股东关注企业的经营效果及发展前景,希望做出更好的投资决策,实现自身利益最大化;管理层需要全面了解企业生产经营的状况,以便调整战略规划,做出经营决策;员工也期望判断公司未来发展前景,对自身的职业发展做出规划;在企业外部,债权人关注企业还本付息的能力;会计师事务所、评级机构等社会中介机构在为企业或外部组织提供相关服务时,需要依据分析做出专业判断;政府部门在履行监管或统计等职能时也需要进行一定程度的财务分析。虽然需求各异,但财务分析已在长期的研究和实践中形成一些基本方法,并随着经济社会的发展不断演进。

1）比较分析法

比较分析法是指通过两个或两个以上相关经济指标的对比,确定指标间的差异,并进行差异分析或趋势分析的一种分析方法。它是一种最基本、最主要的分析方法。通过比较分析,可以发现差距,确定差异的方向、性质和大小,并找出产生差异的原因及其对差异的影响程度,以进一步改善公司的经营管理。将不同时期财务报表中的同类指标数据进行比较,有助于发现企业的财务状况、经营状况和现金流量的变化趋势和变化规律,为管理者做决策提供参考依据。比较分析的基本方式一般有绝对额比较、百分数比较和比率比较。常见的几类比较分析视角有:

（1）财务报表的比较

财务报表的比较是将连续数期的会计报表的金额并列起来,比较其相同指标的增减变动金额和幅度,据以判断企业财务状况和经营成果发展变化的一种方法。报表的比较,具体包括资产负债表比较、利润表比较、现金流量表比较等。比较时,既要计算出表中有关项目增减变动的绝对额,又要计算出其增减变动的百分比。

（2）重要财务指标的比较

重要财务指标的比较,是将不同时期财务报告中的相同指标或比率进行比较,直接观察其增减变动情况及变动幅度,考察其发展趋势,预测其发展前景。对不同时期财务指标的比较,主要有如下两种方法:

①定基动态比率。定基动态比率是以某一时期的数额为固定的基期数额而计算出来的动态比率。计算公式为:

$$定基动态比率=\frac{分析期数额}{固定基期数额}\times100\%$$

②环比动态比率。环比动态比率是以每一分析期的前期数额为基期数额而计算出来的动态比率。计算公式为:

$$环比动态比率=\frac{分析期数额}{前期数额}\times100\%$$

（3）财务报表项目构成比较

这是在财务报表比较的基础上发展而来的。它是以财务报表中的某个总体指标作为100%,再计算出其各组成项目占该总体指标的百分比,从而比较各个项目百分比的增减变动,以此来判断有关财务活动的变化趋势。它既可用于同一企业不同时期财务状况的纵向比较,又可用于不同企业之间的横向比较。

在实际应用中,应根据财务分析的目的和对象来决定需要哪些指标、多少指标以及采用哪种比较视角。

2）比率分析法

比率分析法是通过财务相对数指标的比较,对企业经济活动变动程度进行分析和考察,从而揭示企业财务状况和经营成果的一种分析方法。比率分析法在财务分析中占有重要的地位,其实也是比较分析法的一种形式,但不是简单直接地比较有关指标,而是按一定的方法将相关联的不同项目、指标进行运算,以揭示某些项目之间的关系,或变不可比指标为可比指标,或产生更全面、有用的信息。

根据分析目的和用途的不同,比率分析主要有以下 3 种类型:

(1)构成比率

构成比率又称结构比率,是某项财务指标的各个组成部分的数值与总体数值的比率,反映部分与总体的关系。其计算公式为:

$$构成比率 = \frac{指标某组成部分的数值}{指标总体数值} \times 100\%$$

常用的构成比率有流动资产、固定资产、无形资产占总资产的构成比率、长期负债与流动负债占总负债的比率、营业利润等占利润总额的比率等。利用构成比率,结合与目标数、历史数、行业平均数的比较,可以考察总体中某个部分的形成和安排是否合理,揭示企业财务业绩的构成和发展变化情况,以便协调各项财务活动。

(2)效率比率

效率比率是某项经济活动中所费与所得的比率,反映投入与产出的关系。利用效率比率指标,可以进行得失比较,考察经营成果,评价经济效益。

(3)相关比率

相关比率是根据经济活动客观存在的相互依存、相互联系的关系,以某个项目和与其有关但又不同的项目加以对比所得的比率,反映有关经济活动的相互关系。常用的相关比率有反映营运能力的存货周转率、流动资产周转率;反映盈利能力的净资产收益率、资产报酬率;反映偿债能力的流动比率、资产负债率等。通过相关比率分析,可以了解企业资产的周转状况是否正常,分析企业投入资本的盈利情况,考察企业短期和长期的偿债能力等。

比率分析法的优点是计算简便,计算结果容易判断,而且可以使某些指标在不同规模的企业之间进行比较,甚至也能在一定程度上超越行业间的差别进行比较。但采用这一方法时对比率指标的使用应注意:

①对比项目的相关性。计算比率的子项和母项必须具有相关性,把不相关的项目进行对比是没有意义的。

②对比口径的一致性。计算比率的子项和母项必须在计算时间、范围等方面保持口径一致。

③衡量标准的科学性。运用比率分析,需要选用一定的标准与之对比,以便对企业的财务状况做出评价。通常而言,科学合理的对比标准有预定目标、历史标准、行业标准、公认标准等。

3)趋势分析法

趋势分析法,又称水平分析法,是将企业两期或连续数期的财务报表中的相同指标或比率相比较,以确定其增减变动的方向、数额和幅度,揭示企业财务状况和经营成果增减变化的性质和变动趋势的一种分析方法。

趋势分析需要先选择某一年份为基期,计算每一期各项目对基期同一项目的趋势百分比,或计算趋势比率及指标,再根据所形成的一系列具有可比性的百分数或指数来确定各期财务状况和经营成果增减变化的性质和方向。同时,还必须注意以下问题:

- 用于进行对比的各个时期的指标,在计算口径上必须一致;
- 剔除偶发性项目的影响,使作为分析的数据能反映正常的经营状况;
- 对某项有显著变动的指标作重点分析,研究其产生的原因,以便采取对策,趋利避害。

4）因素分析法

上述各类分析方法可以基于财务报表帮助确定各项经济指标发生变化的程度、差异或趋势。但是,如果需要进一步分析导致这些变化的原因和这些原因在多大程度上引发了变化,则需要进一步应用因素分析法来进行具体分析。

因素分析法也称因素替换法、连环替代法,是用来确定几个相互联系的因素对某项财务指标或经济指标的影响程度,据以判别指标变化原因的一种分析方法。采用这种方法的出发点在于,当有若干因素对分析对象发生影响作用时,假定其他各个因素都无变化,按顺序确定每一个因素单独变化所产生的影响。具体步骤是:

①将某项综合性指标分解为各项构成因素。

②确定各项构成因素的排列顺序。

③按确定的顺序对各项因素的基数进行计算。

④顺次以各项因素的实际数替换基数,计算替换后的结果,并将结果与前一次替换后的计算结果进行比较,计算出影响程度,直到替换完毕。

⑤计算各项因素影响程度之和,与该项综合性指标的差异总额进行对比,检查是否相符。

在对因素进行分解的时候,要注意因素之间的相关性,分析其具体的经济含义。而且,在对因素进行分解时,并非分解的因素越多越好,而应具体问题具体分析,尽量减少对相互影响较大的因素进行分解。

伴随着计算机技术的进步和各类财务分析方法在理论与实践中的应用及探索,当前的财务分析方法表现出明显的引入数学方法建立模型、关注从经济视角解读结果的趋势,实际上,经济世界和管理系统都是复杂的,各种分析方法都存在一定的局限性,也没有万能的解决方案,在进行财务分析的时候,应当根据具体的场景需求选取适宜的方法,结合有效的技术手段,全面认识和了解要素之间的关联关系及变化规律,从而做出科学的描述。

4.2 基于财务报表的对比分析

4.2.1 资产负债表对比分析

资产负债表是反映企业在某一特定日期(如月末、季末、年末)全部资产、负债和所有者权益情况的会计报表,是企业经营活动的静态体现,根据"资产=负债+所有者权益"这一平衡公式,依照一定的分类标准和一定的次序,将某一特定日期的资产、负债、所有者权益的具体项目予以适当的排列编制而成。它表明企业在某一特定日期所拥有或控制的经济资源、所承担的现有义务和所有者对净资产的要求权。它是一张揭示企业在一定时点财务状况的静态报表。图 4-1 为一张整理于 Excel 工作表当中的资产负债表(节选)。

	A	B	C	D
	资产负债表			
1				
2				单位：元
3	**项目**	**2018年12月31日**	**项目**	**2018年12月31日**
4	**流动资产：**		**流动负债**	
5			短期借款	800,000,000.00
6	货币资金	3,649,743,731.23	向中央银行借款	
23	存货	6,437,030,722.52	应付股利	2,293,302.10
27	其他流动资产	149,249,286.85	一年内到期的非流动负债	534,236,603.97
28	**流动资产合计**	10,427,435,319.49	其他流动负债	379,011.39
29			**流动负债合计**	5,436,698,858.05
30			**非流动负债**	
31	**非流动资产：**		保险合同准备金	
32			长期借款	1,212,600,000.00
41	其他非流动金融资产		递延所得税负债	2,009,535.27
42	投资性房地产	1,150,374,666.08	其他非流动负债	
43	固定资产	6,677,730.19	**非流动负债合计**	1,713,891,970.78
44	在建工程		**负债合计**	7,150,590,828.83
45	生产性生物资产		**所有者权益：**	
46	油气资产		股本	1,349,995,046.00
50	商誉		资本公积	484,321,623.07
52	递延所得税资产	358,687,410.08	其他综合收益	
53	**其他非流动资产**	1,574,130,825.02	专项储备	
54			盈余公积	1,483,862,592.91
55	**非流动资产合计**	3,109,292,865.30	一般风险准备	
56			未分配利润	2,879,489,920.90
59			**所有者权益合计**	6,386,137,355.96
60	**资产总计**	13,536,728,184.79	**负债和所有者权益总计**	13,536,728,184.79

图 4-1　资产负债表(节选)

通过对两个会计期间的资产负债数据进行对比,可以清楚地了解到企业资产和负债的变化,其中,变化幅度较大的项目,可以引起管理者的重点关注。

下面依据某公司现连续两年的资产负债表,对比其中各项目的数值变化和变化幅度。首先,将两年的资产负债表数据整理于同一工作表中,这样做的目的是在接下来的公式录入和计算过程中便于引用并查看结果,如图 4-2 所示。

	A	B	C	D	E	F
1	**资产负债表**					
2						单位：元
3	**项目**	**2018年12月31日**	**2019年12月31日**	**项目**	**2018年12月31日**	**2019年12月31日**
4	**流动资产：**			**流动负债：**		
27	其他流动资产	149,249,286.85	203,019,274.45	一年内到期的非流动负债	534,236,603.97	126,000,000.00
28	**流动资产合计**	10,427,435,319.49	12,475,939,203.92	其他流动负债	379,011.39	313,858.02
29				**流动负债合计**	5,436,698,858.05	5,153,923,690.79
30				**非流动负债：**		
31	**非流动资产：**			保险合同准备金		
32				长期借款	1,212,600,000.00	2,520,080,000.00
33	发放贷款和垫款			应付债券	499,282,435.51	899,020,645.99
41	其他非流动金融资产			递延所得税负债	2,009,535.27	2,067,968.07
43	固定资产	6,677,730.19	13,144,374.38	**非流动负债合计**	1,713,891,970.78	3,421,168,614.06
44	在建工程			**负债合计**	7,150,590,828.83	8,575,092,304.85
45	生产性生物资产			**所有者权益：**		
46	油气资产			股本	1,349,995,046.00	1,349,995,046.00
50	商誉			资本公积	484,321,623.07	484,321,623.07
51	长期待摊费用	19,422,233.93	17,974,627.78	减：库存股		
52	递延所得税资产	358,687,410.08	428,590,113.79	其他综合收益		
53	其他非流动资产	1,574,130,825.02	1,645,931,563.72	专项储备		
54				盈余公积	1,483,862,592.91	1,797,479,389.39
55	**非流动资产合计**	3,109,292,865.30	3,269,381,646.73	一般风险准备		
56				未分配利润	2,879,489,920.90	3,103,787,189.84
57				归属于母公司所有者权益合计	6,197,669,182.88	6,735,583,248.30
58				少数股东权益	188,468,173.08	434,645,297.50
59				**所有者权益合计**	6,386,137,355.96	7,170,228,545.80
60	**资产总计**	13,536,728,184.79	15,745,320,850.65	**负债和所有者权益总计**	13,536,728,184.79	15,745,320,850.65

图 4-2　两期资产负债表项目列示

接着,在适当位置添加用于计算两期资产负债表同一项目数值变化和变化幅度的列,并在其中添加计算公式。公式及计算结果如图 4-3 所示。

	A	B	C	D		E	
1				公式	资产负债表	公式	
2					结果		结果
3	项目	2018年12月31日	2019年12月31日		变化金额		变化幅度
4	流动资产：			=C4-B4	0.00	=IF(B4=0,0,D4/B4)	0.00%
5				=C5-B5	0.00	=IF(B5=0,0,D5/B5)	0.00%
6	货币资金	3,649,743,731.23	3,037,214,681.70	=C6-B6	-612,529,049.53	=IF(B6=0,0,D6/B6)	-16.78%
7	结算备付金			=C7-B7	0.00	=IF(B7=0,0,D7/B7)	0.00%
8	拆出资金			=C8-B8	0.00	=IF(B8=0,0,D8/B8)	0.00%
9	交易性金融资产		1,101,391,388.89	=C9-B9	1,101,391,388.89	=IF(B9=0,0,D9/B9)	0.00%
10	以公允价值计量且其变动计入当期损益的金融资产			=C10-B10	0.00	=IF(B10=0,0,D10/B10)	0.00%
11	衍生金融资产			=C11-B11	0.00	=IF(B11=0,0,D11/B11)	0.00%
12	应收票据			=C12-B12	0.00	=IF(B12=0,0,D12/B12)	0.00%
13	应收账款	8,342,369.95	15,153,277.16	=C13-B13	6,810,907.21	=IF(B13=0,0,D13/B13)	81.64%
14	应收款项融资			=C14-B14	0.00	=IF(B14=0,0,D14/B14)	0.00%
15	预付款项	104,569,332.32	104,395,000.00	=C15-B15	-174,332.32	=IF(B15=0,0,D15/B15)	-0.17%
16	应收保费			=C16-B16	0.00	=IF(B16=0,0,D16/B16)	0.00%
17	应收分保账款			=C17-B17	0.00	=IF(B17=0,0,D17/B17)	0.00%
18	应收分保合同准备金			=C18-B18	0.00	=IF(B18=0,0,D18/B18)	0.00%
19	其他应收款	78,499,876.62	55,819,924.98	=C19-B19	-22,679,951.64	=IF(B19=0,0,D19/B19)	-28.89%
20	其中：应收利息			=C20-B20	0.00	=IF(B20=0,0,D20/B20)	0.00%

图 4-3　计算资产负债表项目的变化金额和变化幅度

在实际工作中,不同期间的报表数据往往分布于不同工作表中,只需在引用位置前加上所在工作表的表名即可,具体可参见本书第 2 章的内容。

在上述计算过程中,使用了前文财务分析方法中的比率和比较分析,在明确了变化金额和变化幅度之后,还可以根据需要,在其中使用条件格式标示出变化较大的项目;或进一步对金额和幅度变化进行具体的排序,以便关注那些变化最为明显的项目;也可以整理多期报表数据,观察某些特定项目的变化趋势。限于篇幅,此处不一一演示效果,将在后文各报表分析中分别应用及展示。

4.2.2　利润表对比分析

利润表(损益表)是反映企业在一定会计期间(如月度、季度、半年度或年度)生产经营成果及其分配情况的会计报表。又称利润表、收益表。它全面揭示了企业在某一特定时期实现的各种收入、发生的各种费用、成本或支出,以及企业实现的利润或发生的亏损情况。损益表是根据“收入-费用=利润”的基本关系来编制的,表内项目是收入、费用和利润要素内容的具体体现。它是一张反映企业经营资金运动的动态报表。图 4-4 展示了一张整理于 Excel 工作表中的损益表(节选)。

	A	B
1	利润表	
2		单位：元
3	项目	2019年度
4	一、营业总收入	3,731,330,139.73
5	其中：营业收入	3,731,330,139.73
9	二、营业总成本	2,722,256,573.30
10	其中：营业成本	2,044,318,166.99
18	税金及附加	360,020,324.02
19	销售费用	51,736,223.03
20	管理费用	138,561,121.68
21	研发费用	
22	财务费用	127,620,737.58
23	其中：利息费用	169,790,047.23
24	利息收入	43,883,884.19
25	加：其他收益	
26	投资收益（损失以“－”号填列）	95,476,032.41
27	其中：对联营企业和合营企业的投资收益	67,845,667.97
33	资产减值损失（损失以“-”号填列）	
34	资产处置收益（损失以“-”号填列）	36,020.76
35	三、营业利润（亏损以“－”号填列）	1,108,428,393.31
36	加：营业外收入	2,516,753.07
37	减：营业外支出	8,100,823.59
38	四、利润总额（亏损总额以“－”号填列）	1,102,844,322.79
39	减：所得税费用	259,779,373.87
40	五、净利润（净亏损以“－”号填列）	843,064,948.92

图 4-4　利润表(节选)

利润表的对比分析可以帮助判断企业的经营成果是增加还是减少,增加的原因是收入增加还是费用降低,减少的原因是收入减少还是费用增加等。进行损益表对比分析也能计算出各项目的变化数量和变动幅度,对多期损益表数据进行持续关注,还能观察到收入、费用和利润的趋势走向,是考核经营者业绩的重要依据。图 4-5 将某公司连续 5 年的损益表主要项目数据整理于同一工作表当中。

项目＼报告期	2015年	2016年	2017年	2018年	2019年
营业收入	365,430.95	335,882.64	295,945.02	251,184.44	373,133.01
营业成本	238,834.29	238,053.21	208,006.54	153,758.59	204,431.82
营业利润	59,210.28	91,071.74	96,183.94	106,729.65	110,842.84
利润总额	59,311.91	92,439.75	96,022.67	106,898.66	110,284.43
所得税	15,433.32	12,052.10	13,974.42	14,585.92	25,977.94
净利润	43,878.59	80,387.65	82,048.25	92,312.74	84,306.49

损益表（节选） 单位：万元

图 4-5　连续多期损益表重要项目选列

依据图 4-5 的列表,可以绘制反映连续多期损益表中指定项目的变化情况的图形,从而直观呈现收入、成本、利润等的变化趋势,如图 4-6 所示。

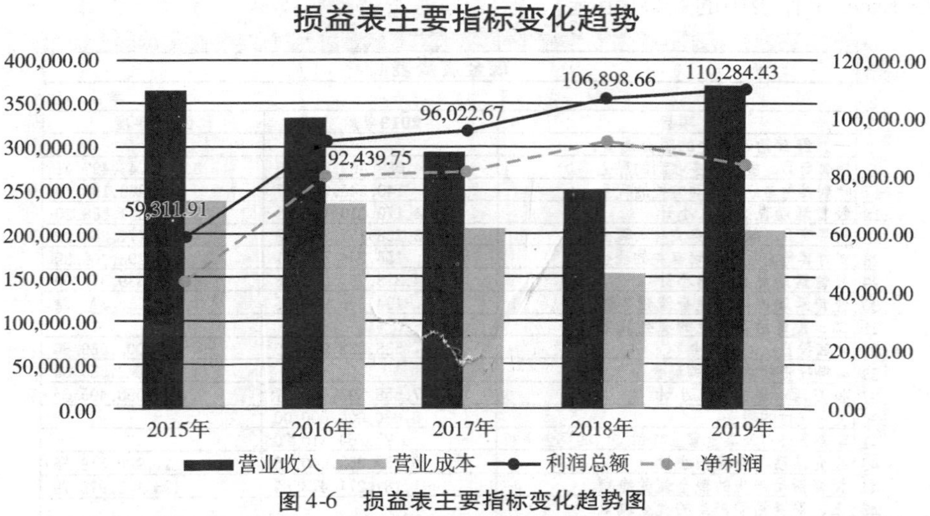

图 4-6　损益表主要指标变化趋势图

此外,由于我国企业会计制度规定利润表采用多步式进行编制,多步式利润表是通过对当期的收入、费用、支出项目按性质加以归类,按利润形成的主要环节列示一些中间性利润指标,如营业利润、利润总额等,分步反映本期净利的计算过程,这不仅有助于不同企业或同一企业不同时期相应项目的比较分析,还为解析各期损益的结构提供了便利,图 4-7 通过计算列示了两期损益表内的各项目从当期收入中的分离占比情况。

	A	B	C	D	E	F
1			损益表项目占比		公式	
2						
3	项目	2019年度	项目占比	2018年度	项目占比	比例增减
4	一、营业总收入	3,731,330,139.73	100.00% =B4/$B$4	2,511,844,429.36	100.00% =D4/$D$4	=E4-C4 0.00%
5	其中：营业收入	3,731,330,139.73	100.00% =B5/$B$4	2,511,844,429.36	100.00% =D5/$D$4	=E5-C5 0.00%
9	二、营业总成本	2,722,256,573.30	72.96% =B9/$B$4	1,928,643,817.82	76.78% =D9/$D$4	=E9-C9 3.83%
10	其中：营业成本	2,044,318,166.99	54.79% =D10/$B$4	1,537,585,929.98	61.21% =D10/$D$4	=E10-C10 6.43%
18	税金及附加	360,020,324.02	9.65% =B18/$B$4	125,714,090.65	5.00% =D18/$D$4	=E18-C18 -4.64%
19	销售费用	51,736,223.03	1.39% =B19/$B$4	43,117,714.67	1.72% =D19/$D$4	=E19-C19 0.33%
20	管理费用	138,561,121.68	3.71% =B20/$B$4	133,313,365.67	5.31% =D20/$D$4	=E20-C20 1.59%
21	研发费用		0.00% =B21/$B$4		0.00% =D21/$D$4	=E21-C21 0.00%
22	财务费用	127,620,737.58	3.42% =B22/$B$4	88,912,716.85	3.54% =D22/$D$4	=E22-C22 0.12%
23	其中：利息费用	169,790,047.23	4.55% =B23/$B$4	108,036,922.33	4.30% =D23/$D$4	=E23-C23 -0.25%
24	利息收入	43,883,884.19	1.18% =B24/$B$4	19,513,877.26	0.78% =D24/$D$4	=E24-C24 -0.40%
25	加：其他收益		0.00% =B25/$B$4		0.00% =D25/$D$4	=E25-C25 0.00%
26	投资收益（损失以"－"号填列）	95,476,032.41	2.56% =B26/$B$4	499,170,287.07	19.87% =D26/$D$4	=E26-C26 17.31%
27	其中：对联营企业和合营企业的投资收益	67,845,667.97	1.82% =B27/$B$4	497,730,747.21	19.82% =D27/$D$4	=E27-C27 18.00%
33	资产减值损失（损失以"－"号填列）		0.00% =B33/$B$4	-15,074,383.16	-0.60% =D33/$D$4	=E33-C33 -0.60%
34	资产处置收益（损失以"－"号填列）	36,020.76	0.00% =B34/$B$4		0.00% =D34/$D$4	=E34-C34 0.00%
35	三、营业利润（亏损以"－"号填列）	1,108,428,393.31	29.71% =B35/$B$4	1,067,296,515.45	42.49% =D35/$D$4	=E35-C35 12.78%
36	加：营业外收入	2,516,753.07	0.07% =B36/$B$4	4,883,054.57	0.19% =D36/$D$4	=E36-C36 0.13%
37	减：营业外支出	8,100,823.59	0.22% =B37/$B$4	3,192,971.98	0.13% =D37/$D$4	=E37-C37 -0.09%
38	四、利润总额（亏损总额以"－"号填列）	1,102,844,322.79	29.56% =B38/$B$4	1,068,986,598.04	42.56% =D38/$D$4	=E38-C38 13.00%
39	减：所得税费用	259,779,373.87	6.96% =B39/$B$4	145,859,201.89	5.81% =D39/$D$4	=E39-C39 -1.16%
40	五、净利润（净亏损以"－"号填列）	843,064,948.92	22.59% =B40/$B$4	923,127,396.15	36.75% =D40/$D$4	=E40-C40 14.16%

图4-7　损益表各项目占比情况

4.2.3　现金流量表对比分析

现金流量表是反映企业一定时期内（如月度、季度或年度）企业经营活动、投资活动和筹资活动对其现金及现金等价物产生影响的财务报表。现金流量表的出现，主要是要反映出资产负债表中各个项目对现金流量的影响。图4-8是将两期现金流量表数据整理于一张 Excel 工作表中的效果（节选）。

	A	B	C
1		现金流量表	
2			单位：元
3	项目	2019年度	2018年度
4	一、经营活动产生的现金流量：		
5	销售商品、提供劳务收到的现金	4,038,464,843.65	3,204,743,497.41
17	收到其他与经营活动有关的现金	140,545,256.57	101,278,190.79
18	经营活动现金流入小计	4,179,010,100.22	3,306,021,688.20
19	购买商品、接受劳务支付的现金	3,258,157,360.93	1,050,177,256.22
28	支付其他与经营活动有关的现金	156,244,557.61	118,293,468.39
29	经营活动现金流出小计	4,373,246,004.58	1,699,339,312.09
30	经营活动产生的现金流量净额	-194,256,904.36	1,606,682,376.11
31	二、投资活动产生的现金流量：		
32	收回投资收到的现金	7,558,283,978.29	143,009,539.86
33	取得投资收益收到的现金		40,655.69
37	投资活动现金流入小计	7,558,392,066.37	143,050,495.55
39	投资支付的现金	8,630,000,000.00	
41	取得子公司及其他营业单位支付的现金净额	97,764,310.80	
43	投资活动现金流出小计	8,739,663,540.20	17,900,518.76
44	投资活动产生的现金流量净额	-1,181,271,473.83	125,149,976.79
45	三、筹资活动产生的现金流量：		
46	吸收投资收到的现金	80,000,000.00	
48	取得借款收到的现金	1,440,000,000.00	1,655,000,000.00
49	发行债券收到的现金	399,280,000.00	499,100,000.00
51	筹资活动现金流入小计	1,919,280,000.00	2,154,100,000.00
52	偿还债务支付的现金	740,756,603.97	2,814,625,989.90
53	分配股利、利润或偿付利息支付的现金	412,894,567.28	422,775,211.44
56	筹资活动现金流出小计	1,153,992,012.10	3,237,785,457.09
57	筹资活动产生的现金流量净额	765,287,987.90	-1,083,685,457.09
58	四、汇率变动对现金及现金等价物的影响	94,344.77	194,152.34
59	五、现金及现金等价物净增加额	-610,146,045.52	648,341,048.15
60	加：期初现金及现金等价物余额	3,590,293,078.40	2,941,952,030.25
61	六、期末现金及现金等价物余额	2,980,147,032.88	3,590,293,078.40

图4-8　现金流量表（节选）

现金流量按其产生的原因和支付的用途不同,主要分为3大类:

①经营活动产生的现金流量。经营活动产生的现金流量是企业投资和筹资活动以外的所有交易活动和事项的现金流入和流出量。例如,销售商品、提供劳务、经营租赁等活动流入的现金;购买商品、接受劳务、支付税费等活动流出的现金。

②投资活动产生的现金流量。投资活动产生的现金流量是企业长期资产的和对外投资活动(不含现金等价物的投资)的现金注入和流出量。例如,收回投资、取得投资收益、处置长期资产等活动流入的现金,购建固定资产、在建工程、无形资产等长期资产和对外投资等活动流出的现金。

③筹资活动产生的现金流量。筹资活动产生的现金流量是企业接受投资和借入资金导致的现金流入和流出量。包括:接受投资、借入款项、发行债券等活动流入的现金;偿还借款、偿付债券、支付利息、分配股利等活动流出的现金。

现金流量表也可以像资产负债表和利润表一样,比较多个期间各项目的变化数量和幅度(比率);或者查看某些指定项目在多期的现金流入或流出的变动趋势。另外,根据现金流量表的结构和特点,对现金流入、流出的构成进行分析也具有重要意义:计算经营活动现金流入、投资活动现金流入和筹资活动现金流入在现金总流入中的占比,能够了解企业现金的主要来源;计算经营活动现金流出、投资活动现金流出和筹资活动现金流出在现金总流出中的占比,能观察企业的现金用于哪些方面。图4-9示例了现金流量表的构成分析。

	A	B	C		
1		**现金流量表**			
2	经营、投资、筹资三项现金流入总计	13,656,682,166.59	公式	=SUM($B$19, $B$38, $B$52)	元
3	经营、投资、筹资三项现金流出总计	14,266,922,556.88		=SUM($B$30, $B$44, $B$57)	
4	项目	2019年度		收/支结构	
5	一、经营活动产生的现金流量:				
6	销售商品、提供劳务收到的现金:	4,038,464,843.65	=B6/$B$2		29.57%
18	收到其他与经营活动有关的现金	140,545,256.57	=B18/$B$2		1.03%
19	经营活动现金流入小计	4,179,010,100.22	=B19/$B$2		30.60%
20	购买商品、接受劳务支付的现金	3,258,157,360.93	=B20/$B$3		22.84%
30	经营活动现金流出小计	4,373,267,004.58	=B30/$B$3		30.65%
31	经营活动产生的现金流量净额	-194,256,904.36			
32	二、投资活动产生的现金流量:				
33	收回投资收到的现金	7,558,283,978.29	=B33/$B$2		55.34%
38	投资活动现金流入小计	7,558,392,066.37	=B38/$B$2		55.35%
40	投资支付的现金	8,630,000,000.00	=B40/$B$3		60.49%
42	取得子公司及其他营业单位支付的现金净额	97,764,310.80	=B42/$B$3		0.69%
44	投资活动现金流出小计	8,739,663,540.20	=B44/$B$3		61.26%
45	投资活动产生的现金流量净额	-1,181,271,473.83			
46	三、筹资活动产生的现金流量:				
47	吸收投资收到的现金	80,000,000.00	=B47/$B$2		0.59%
49	取得借款收到的现金	1,440,000,000.00	=B49/$B$2		10.54%
50	发行债券收到的现金	399,280,000.00	=B50/$B$2		2.92%
52	筹资活动现金流入小计	1,919,280,000.00	=B52/$B$2		14.05%
53	偿还债务支付的现金	740,756,603.97	=B53/$B$3		5.19%
54	分配股利、利润或偿付利息支付的现金	412,894,567.28	=B54/$B$3		2.89%
57	筹资活动现金流出小计	1,153,992,012.10	=B57/$B$3		8.09%
58	筹资活动产生的现金流量净额	765,287,987.90			
59	四、汇率变动对现金及现金等价物的影响	94,344.77	公式		结果
60	五、现金及现金等价物净增加额	-610,146,045.52	公式		结果
61	加:期初现金及现金等价物余额	3,590,293,078.40			
62	六、期末现金及现金等价物余额	2,980,147,032.88			

图4-9 现金流量表收支结构分析

由图 4-9 很容易观察到,该公司 2019 年现金及现金等价物净增加额为负值(见 B60 单元格)的主要原因是投资活动产生大量现金净流出(见 B45 单元格)。而这一净流出主要是由投资支付的大量现金造成的(见 C40 单元格)。

4.3　综合分析模型

前面所提及的三大主要财务报表中,资产负债表、利润表均以权责发生制为编制基础,现金流量表则以收付实现制为编制基础,各报表均在收集和呈现会计信息方面有着重要作用和意义,但同时也受到自身的固有局限,仅分析某一报表或某一指标,难以全面、客观地评价企业的财务状况和经营业绩。本部分介绍财务比率综合分析和杜邦分析。

4.3.1　财务比率与预警分析

财务比率分析,亦即财务指标分析,它是根据同一时期财务报表中两个或多个项目之间的相关关系,计算比率,用以分析和评价企业财务状况和经营成果的一种基本财务分析方法。财务比率可以评价某项投资在各年之间收益的变化,也可以在某一时点比较某一行业的不同企业。一般从以下 5 个方面进行比率分析:

1)盈利能力

盈利能力反映企业获取利润的能力,是投资人、债权人和企业经理人员都关心和重视的内容。评价企业盈利能力的财务比率主要有销售毛利率、销售净利率、总资产报酬率、成本费用利润率、净资产收益率等。

①销售毛利率:反映企业销售的初始盈利能力。该指标越高,对管理费用、营业费用和财务费用等期间费用的承受能力越强。

$$销售毛利率 = \frac{销售毛利}{主营业务收入} \times 100\%$$

$$销售毛利 = 主营业务收入 - 主营业务成本$$

②销售净利率:是所有者更为关注的指标,净利润占销售收入的比率。

$$销售净利率 = \frac{净利润}{主营业务收入} \times 100\%$$

③总资产报酬率(收益率):反映企业资产利用的综合效果,衡量全部资产获利能力。

$$总资产报酬率 = \frac{利润总额 + 利息支出}{平均总资产} \times 100\%$$

$$平均总资产 = \frac{期初资产总额 + 期末资产总额}{2}$$

④成本费用利润率:表示企业每百元营业成本费用能够取得多少营业利润,衡量企业对费用的控制和管理水平。

$$成本费用利润率 = \frac{营业利润}{主营业务成本 + 营业费用 + 管理费用 + 财务费用} \times 100\%$$

该指标越高,说明企业为取得收益而付出的代价越小,企业盈利能力较强,反之则相反。

⑤净资产收益率:也称股东权益报酬率,衡量所有者投资所获取的收益。

$$净资产收益率=\frac{净利润}{平均净资产}\times100\%$$

$$平均净资产=\frac{期初所有者权益+期末所有者权益}{2}$$

该指标越高,说明所有者投资带来的收益越高,企业资本的盈利能力越强,反之,则说明企业资本的盈利能力较弱。

2)偿债能力

偿债能力可分为短期偿债能力和长期偿债能力。短期偿债能力是公司资产转变为现金用以偿还短期债务的能力;长期偿债能力是公司偿还长期债务的能力。

(1)短期偿债能力

①流动比率:是流动资产对流动负债的比率,用来衡量企业流动资产在短期债务到期以前,可以变为现金用于偿还负债的能力。

$$流动比率=\frac{流动资产}{流动负债}\times100\%$$

流动比率越高,企业资产的流动性越大,但是,比率太大表明流动资产占用较多,会影响经营资金周转效率和获利能力。

②速动比率:是速动资产对流动负债的比率。它是衡量企业流动资产中可以立即变现用于偿还流动负债的能力。

速动资产是指流动资产中可以立即变现的那部分资产,如现金、有价证券、应收账款及预付账款。一般而言,速动资产=流动资产-存货。

$$速动比率=\frac{速动资产}{流动负债}\times100\%$$

速动比率同流动比率一样,反映的都是单位资产的流动性以及快速偿还到期负债的能力和水平。不过相对流动比率而言,它扣除了一些流动性较差的资产,另外,考虑存货的毁损、所有权、现值等因素,其变现价值可能与账面价值的差别非常大,因此,将存货也从流动比率中扣除。速动比率反映了一个单位能够立即偿还债务的能力和水平。

以往认为,速动比率与流动比率都有着较受公认的安全值。但实际上,这些比值往往会随行业的不同而存在差异。

③现金比率:该比率通过计算公司现金以及现金等价资产总量与当前流动负债的比率,来衡量公司资产的流动性。

$$现金比率=\frac{货币资金(现金等价物)}{流动负债}\times100\%$$

它将存货与应收款项排除在外,也就是说,现金比率只量度所有资产中相对于当前负债最具流动性的项目,因此它也是 3 个流动性比率中最保守的一个。

（2）长期偿债能力

①资产负债率：衡量企业利用债权人资金进行财务活动的能力。

$$资产负债率=\frac{负债总额}{资产总额}\times100\%$$

负债总额是指公司承担的各项负债的总和，包括流动负债和长期负债。资产总额是指公司拥有的各项资产的总和，包括流动资产和长期资产。资产负债率越低，说明以负债取得的资产越少，企业运用外部资金的能力较差。越高，说明企业通过借债筹集的资产越多，风险较大。

②产权比率：是负债总额与所有者权益总额的比率，也是衡量资本结构合理性的一种指标。

$$产权比率=\frac{负债总额}{所有者权益总额}\times100\%$$

产权比率衡量企业的风险程度和对债务的偿还能力。它是企业财务结构稳健与否的重要标志。该指标表明由债权人提供的和由投资者提供的资金来源的相对关系，反映企业基本财务结构是否稳定。

产权比率越高，企业存在的风险越大，长期偿债能力较弱。比率低则表明债权人承担的风险较小，债权人愿意向企业增加借款；产权比率越低表明企业自有资本占总资产的比重越大，长期偿债能力越强。

③有形净值债务比率：反映企业在清算时债权人资本受到股东权益的保护程度。

$$有形净值债务比率=\frac{负债总额}{所有者权益-非有形资产}\times100\%$$

该指标实际上是一个更保守、谨慎的产权比率，指标越大，表明企业对债权人的保障程度越低，风险越大。

④利息保障倍数：衡量企业偿付借款利息的能力。

$$利息保障倍数=\frac{息税前利润}{利用费用}$$

公式中的息税前利润=净利润+利息费用+所得税；利息费用，则包括财务费用中的利息支出和资本化利息。

该指标越高，表明企业支付利息的能力越强，企业对到期债务偿还的保障程度也越高；相反，表明偿还利息的资金来源不足。国际上通常认为，该指标为3时较为适当，从长期来看至少应大于1。利息保障倍数为负值时没有意义。

⑤长期负债比率：衡量企业长期负债在资产总额中所占的比例。

$$长期负债比率=\frac{长期负债}{资产总额}\times100\%$$

该指标值越小，表明公司负债的资本化程度低，长期偿债压力小；反之，则表明公司负债的资本化程度高，长期偿债压力大。

3) 营运能力

企业营运能力分析就是要通过对反映企业资产营运效率与效益的指标进行计算与分析,发现企业在资产营运中存在的问题,为企业提高经济效益指明方向。它是盈利能力分析和偿债能力分析的基础与补充。

①应收账款周转率(次数):衡量企业管理应收账款方面的效率。

$$应收账款周转率(次数) = \frac{主营业务收入}{平均应收账款}$$

$$平均应收账款 = \frac{期初应收账款余额 + 期末应收账款余额}{2}$$

$$应收账款周转天数 = \frac{计算期天数}{应收账款周转率(次数)}$$

这里的计算期天数,依会计行业惯例,一年按 360 天计,一月按 30 天计(此后各指标计算同理)。应收账款周转率越高,每周转一次所需天数越少,表明公司收账越快;反之,周转率越低,每周转一次所需天数越多,则表明公司应收账款的变现越缓慢,应收账款管理缺乏效率。

②存货周转率(次数):衡量企业的销售能力和存货周转速度。

$$存货周转率(次数) = \frac{主营业务成本}{存货平均余额}$$

$$存货平均余额 = \frac{期初存货 + 期末存货}{2}$$

$$存货周转天数 = \frac{计算期天数}{存货周转率(次数)}$$

存货的目的在于销售并实现利润,存货周转率越高,说明存货周转速度越快,公司控制存货的能力越强,营运资金投资于存货上的金额越小。反之,则表明存货过多,不仅积压资金影响资产的流动性,还增加仓储费用和产品损耗。

③固定资产周转率:反映固定资产运用状况,衡量固定资产的利用效率。

$$固定资产周转率(次数) = \frac{主营业务收入}{固定资产平均净值}$$

$$固定资产平均净值 = \frac{期初固定资产净值 + 期末固定资产净值}{2}$$

$$固定资产周转天数 = \frac{计算期天数}{固定资产周转率(次数)}$$

固定资产周转率主要用于分析对厂房、设备等固定资产的利用效率,比率越高,说明利用率越高,管理水平越好。如果固定资产周转率与同行业平均水平相比偏低,则说明企业对固定资产的利用率较低,可能会影响企业的获利能力。

④ 流动资产周转率:反映流动资产的周转速度,衡量流动资产的利用效率。

$$流动资产周转率(次数) = \frac{主营业务收入}{流动资产平均余额}$$

$$流动资产平均余额 = \frac{期初流动资产+期末流动资产}{2}$$

$$流动资产周转天数 = \frac{计算期天数}{流动资产周转率(次数)}$$

一般情况下,该指标越高,表明企业流动资产周转速度越快,利用越好。在较快的周转速度下,流动资产会相对节约,相当于流动资产投入的增加,在一定程度上增强了企业的盈利能力;而周转速度慢,则需要补充流动资金参加周转,会形成资金浪费,降低企业盈利能力。

⑤总资产周转率:反映全部资产的周转速度,衡量全部资产的管理质量和利用效率。

$$总资产周转率(次数) = \frac{主营业务收入}{总资产平均余额}$$

$$总资产平均余额 = \frac{期初资产总额+期末资产总额}{2}$$

$$总资产周转天数 = \frac{计算期天数}{总资产周转率(次数)}$$

总资产周转率是考察企业资产运营效率的一项重要指标,体现了企业经营期间全部资产从投入到产出的流转速度,一般情况下,该数值越高,表明企业总资产周转速度越快。销售能力越强,资产利用效率越高。

⑥营业周期:指从取得存货开始到销售存货并收回现金为止的这段时间。

$$营业周期 = 存货周转天数 + 应收账款周转天数$$

该指标表明,需要多长时间能将期末存货全部变为现金。营业周期越短,说明资金周转速度越快,反之则越慢。

4)成长能力

企业成长能力是指企业未来发展趋势与发展速度,包括企业规模的扩大、利润和所有者权益的增加等。对企业成长能力的分析,是考察企业通过逐年收益增加或通过其他融资方式获取资金扩大经营的能力;也可以判断企业未来经营活动现金流量的变动趋势,预测未来现金流量的大小。

(1)主营业务增长率

$$主营业务增长率 = \frac{当期主营业务收入-上期主营业务收入}{上期主营业务收入} \times 100\%$$

主营业务收入增长率高,表明公司产品的市场需求大,业务扩张能力强。如果一家公司中能连续几年保持较高的主营业务收入增长率,基本上可以认为具备良好的成长性。

(2)主营利润增长率

$$主营利润增长率 = \frac{当期主营业务利润-上期主营业务利润}{上期主营业务利润} \times 100\%$$

一般来说,主营利润稳定增长且占利润总额的比例呈增长趋势的公司正处在成长期。一些公司尽管年度内利润总额有较大幅度的增加,但主营业务利润却未相应增加,甚至大幅下降,这样的公司可能存在资产管理费用居高不下的问题,或蕴藏着其他风险。

(3)净利润增长率

$$净利润增长率=\frac{当期净利润-上期净利润}{上期净利润}\times100\%$$

净利润是公司经营业绩的最终结果,是公司成长性的基本特征。净利润增幅较大,表明公司经营业绩突出,市场竞争能力强。反之,净利润增幅小甚至出现负增长也就谈不上具有成长性。

(4)利润保留率

$$利润保留率=\frac{税后利润-应发股利}{税后利润}\times100\%$$

该指标说明企业税后利润的留存程度,反映企业的扩展能力和补亏能力。该比率越大,企业发展能力越强。

(5)再投资率

$$再投资率=\frac{税后利润-应付利润}{股东权益}\times100\%$$

该指标是反映企业在一个经营周期后的成长能力。该比率越大,说明企业在本期获利大,今后的发展能力较强。

5)现金流量辅助分析

前已述及,现金流量表是对资产负债表和损益表的有益补充,具体来说,将现金流量表与损益表的有关指标结合对比,能辅助评价企业的利润质量;与资产负债表的有关指标结合对比,能作为评价企业偿债能力和盈利能力的有益参考。

①经营活动现金净流量与净利润之比:计算企业每实现1元的账面利润背后,实际有多少现金作为支撑。在企业经营正常,能创造正利润且经营活动现金流量净额为正的情况下,该比例能在一定程度上反映企业利润的质量。

②销售商品、提供劳务收到的现金与主营业务收入之比:该指标可以大致判断企业主营业务的销售质量。收现占比较大,说明销售收入转换为现金回款的速度快、质量高,也能一定程度体现企业的营运能力。

③经营活动现金净流量与流动负债之比:可以反映企业经营活动获得现金偿还短期债务的能力。比率越大,说明偿债能力越强。

④经营活动现金净流量与全部负债之比:可以反映企业以经营活动所获现金偿还全部债务的能力。比率越大,说明企业承担债务的能力越强。

⑤经营活动现金净流量与净资产之比:可以反映投资者投入资本创造现金的能力。比率越高,创现能力越强。

图4-10显示了在Excel中基于上述各指标计算的某公司财务比率分析表。

行	A	B	左侧“上年数”列对应的计算公式
1	财务比率表		
2	指标名称	上年数	
3	一、盈利能力分析		
4	1、销售毛利率	15.4%	=(利润及利润分配表!C3-利润及利润分配表!C4)/利润及利润分配表!C3
5	2、销售净利率	4.6%	=利润及利润分配表!C18/利润及利润分配表!C3
6	3、总资产报酬率	3.6%	=(利润及利润分配表!C16+利润及利润分配表!C10)/资产负债表!C35
7	4、成本费用利润率	6.4%	=利润及利润分配表!C11/(利润及利润分配表!C4+利润及利润分配表!C8+利润及利润分配表!C9+利润及利润分配表!C10)
8	5、股东权益报酬率（净资产收益率）	4.9%	=利润及利润分配表!C18/资产负债表!F28
9	二、短期偿债能力分析		
10	1、流动比率	152.1%	=资产负债表!C21/资产负债表!F15
11	2、速动比率	115.8%	=(资产负债表!C21-资产负债表!C11)/资产负债表!F15
12	3、现金比率	1.4%	=资产负债表!C3/资产负债表!F15
13	三、长期偿债能力分析		
14	1、资产负债比率	51.2%	=资产负债表!F22/资产负债表!C35
15	2、产权比率	105.0%	=资产负债表!F22/资产负债表!F28
16	3、有形净值债务比率	176.6%	=资产负债表!F22/(资产负债表!F28-资产负债表!C30-资产负债表!C31)
17	4、利息保障倍数	534.8%	=(利润及利润分配表!C16+利润及利润分配表!C10)/利润及利润分配表!C10
18	5、长期负债比率	0.0%	=资产负债表!F20/资产负债表!F22
19	四、营运能力分析（资产管理效果）		
20	1、应收账款周转率	2.2	=利润及利润分配表!C3/资产负债表!C6
21	2、存货周转率	2.4	=利润及利润分配表!C4/资产负债表!C11
22	3、固定资产周转率	22.5	=利润及利润分配表!C3/资产负债表!C25
23	4、流动资产周转率	0.7	=利润及利润分配表!C3/资产负债表!C21
24	5、总资产周转率	0.5	=利润及利润分配表!C3/资产负债表!C35
25	6、营业周期	313.58	=360/B21+360/B20
26	五、现金流量分析		
27	1、净利润现金保证比率	186.9%	=现金流量表!F22/利润及利润分配表!C18
28	2、销售收入现金回收比率	102.9%	=现金流量表!C4/利润及利润分配表!C3
29	3、经营活动净现金与流动负债比率	8.7%	=现金流量表!F22/资产负债表!F15
30	4、经营活动净现金与负债总额比率	8.7%	=现金流量表!F22/资产负债表!F22
31	5、经营活动净现金与净资产比率	9.1%	=现金流量表!F22/资产负债表!F28

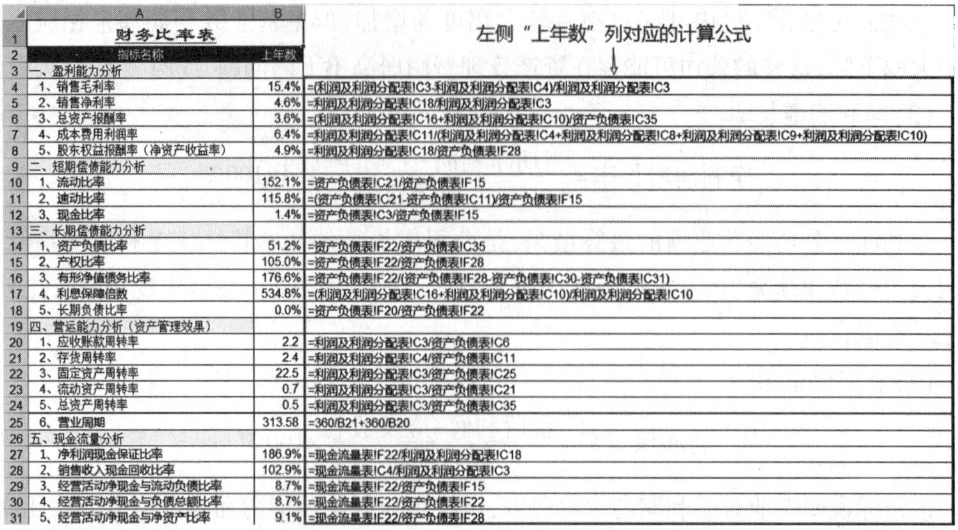

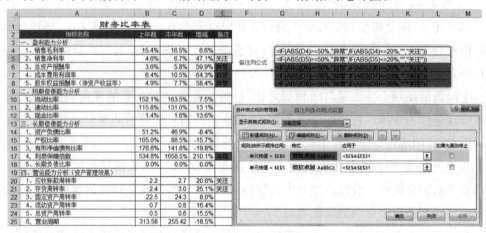

图 4-10　财务比率计算分析表

我们也可以采用与图 4-10 中相同的方法计算出同一公司多期的财务比率,或某期不同公司的同一些指标,以此或进行比较,或查看趋势,对那些比率变化特别明显的,可以使用备注或设置特殊格式,提醒使用者特别注意。图 4-11 是对同一公司连续两期指标进行计算并预警的一个示例。其中使用了 IF 函数,如果指标变动幅度在±20% 以内(含±20%)的,不予提示;超过±20% 但未超过±50% 的,提示“关注”;变动幅度超出±50% 的,提示“异常”。其中嵌套的 ABS 函数,是为了计算 D 列数据的绝对值。

行	A	B	C	D	E
1	财务比率表				
2	指标名称	上年数	本年数	增减	备注
3	一、盈利能力分析				
4	1、销售毛利率	15.4%	16.5%	6.6%	
5	2、销售净利率	4.6%	6.7%	47.1%	关注
6	3、总资产报酬率	3.6%	5.8%	59.9%	异常
7	4、成本费用利润率	6.4%	10.5%	64.3%	异常
8	5、股东权益报酬率（净资产收益率）	4.9%	7.7%	58.4%	异常
9	二、短期偿债能力分析				
10	1、流动比率	152.1%	163.5%	7.5%	
11	2、速动比率	115.8%	131.0%	13.1%	
12	3、现金比率	1.4%	1.6%	13.6%	
13	三、长期偿债能力分析				
14	1、资产负债比率	51.2%	46.9%	-8.4%	
15	2、产权比率	105.0%	88.5%	-15.7%	
16	3、有形净值债务比率	176.6%	141.6%	-19.8%	
17	4、利息保障倍数	534.8%	1658.5%	210.1%	异常
18	5、长期负债比率	0.0%	0.0%	0.0%	
19	四、营运能力分析（资产管理效果）				
20	1、应收账款周转率	2.2	2.7	20.6%	关注
21	2、存货周转率	2.4	3.0	25.1%	关注
22	3、固定资产周转率	22.5	24.3	8.0%	
23	4、流动资产周转率	0.7	0.8	16.4%	
24	5、总资产周转率	0.5	0.6	15.5%	
25	6、营业周期	313.58	255.42	-18.5%	

图 4-11　财务比率预警

4.3.2　杜邦分析模型

利用财务比率进行综合财务分析,虽然可以了解企业各方面的财务状况,但不能反映企业各方面财务状况之间的关系。例如比率分析可以分析企业的偿债能力、资金周转状况以及获利能力等财务状况,但它不能反映出三者之间存在的关系。实际上,各种财务比率之间都存在一定的相互关系。因此,在进行财务分析时,应该将企业的财务状况看作一个系统,内部各种因素都是相互依存、相互作用的,财务分析者必须对整个系统进行综合分析,只有这样,才能比较全面地了解企业的财务状况全貌。

1)杜邦分析概念

杜邦分析法始于 20 世纪 20 年代的杜邦公司,这种方法利用几种主要的财务比率之间的关系来综合地分析企业的财务状况。它是评价公司盈利能力和股东权益回报水平,从财务角度评价企业绩效的一种经典方法。其基本思想是将企业净资产收益率逐级分解为多项财务比率的乘积,这样有助于深入分析比较企业的经营业绩。

2)杜邦分析体系与财务指标关系

杜邦模型最显著的特点是将若干个用以评价企业经营效率和财务状况的比率按其内在联系有机地结合起来,形成一个完整的指标体系,并最终通过权益报酬率来综合反映。图 4-12 为杜邦体系结构图。

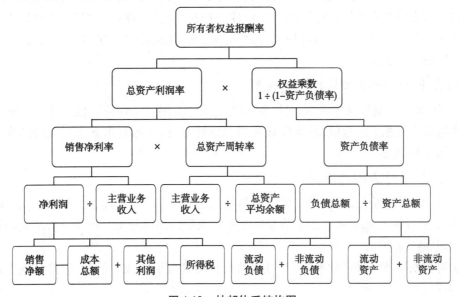

图 4-12　杜邦体系结构图

采用杜邦分析方法可以使财务比率分析的层次更清晰、条理更突出,为报表分析者全面仔细地了解企业的经营和盈利状况提供方便。杜邦分析法有助于企业管理层更清晰地看到权益资本收益率的决定因素,以及销售净利率与总资产周转率、债务比率之间的相互关联,给管理层提供了一张明晰的考察公司资产管理效率和股东投资回报是否最大化的路线图。从图 4-11 的杜邦体系结构图中可以了解到如下信息:

①权益报酬率是一个综合性极强、最有代表性的财务比率,它是杜邦系统的核心。财务管理的一个重要目标就是使所有者财富最大化,权益报酬率正是反映了所有者投入资金的获利能力。因此,这一比率可以反映出企业筹资、投资等各种经营活动的效率。权益报酬率主要取决于总资产报酬率与权益乘数。总资产报酬率反映了企业生产经营活动的效率如何,权益乘数反映了企业的筹资情况,即企业资金来源结构如何。

②总资产报酬率是销售利润率与总资产周转率的乘积。因此,可以从销售与资产管

理两方面来分析。销售净利率实际上反映了企业的净利润与主营业务收入的关系。主营业务收入增加,企业的净利润也自然增加。但是,如果想提高销售利润率,必须一方面提高主营业务收入,另一方面降低各种成本费用。提高主营业务收入具有特殊重要的意义,因为它不仅可以使企业净利润增长,也会提高总资产周转率,这样自然会使总资产报酬率升高。

③权益乘数表示企业的负债程度,反映了公司利用财务杠杆进行经营活动的程度。资产负债率高,权益乘数就大,这说明公司负债程度高,公司会有较多的杠杆利益,但风险也高;反之,资产负债率低,权益乘数就小,这说明公司负债程度低,公司会有较少的杠杆利益,但相应所承担的风险也低。

④从杜邦系统图中,也可以分析企业成本费用的结构是否合理,这样有利于进行成本费用分析,加强成本控制。

总的来说,从杜邦系统图中可以看出,企业的获利能力涉及企业经营活动的方方面面。权益报酬率与企业的筹资结构、销售、成本控制、资产管理密切相关,这些因素构成一个系统。只有协调好系统内各种因素之间的关系,才能使权益报酬率达到最大,从而实现股东财富的最大化。

3)在 Excel 中建立杜邦分析模型

在 Excel 中绘制杜邦体系图,可以较方便地从位于同一工作簿其他工作表中的财务报表中选取引用相应的数值,从而完成各指标的计算,清晰地看出各指标逐层综合的过程。如图 4-13 所示。

4)杜邦分析法的局限性

从企业绩效评价的角度来看,杜邦分析法只包括财务方面的信息,不能全面反映企业的实力,在实际运用中需要注意结合企业的其他信息加以分析。杜邦分析法的局限性主要表现在:

①对短期财务结果过分重视,有可能助长公司管理层的短期行为,忽略企业长期的价值创造。

②财务指标反映的是企业过去的经营业绩,衡量工业时代的企业能够满足要求。但在目前的信息时代,顾客、供应商、雇员、技术创新等因素对企业经营业绩的影响越来越大,而杜邦分析法在这些方面显得乏力。

③在目前的市场环境中,企业的无形资产对提高企业长期竞争力至关重要,杜邦分析法却不能解决无形资产的估值问题。

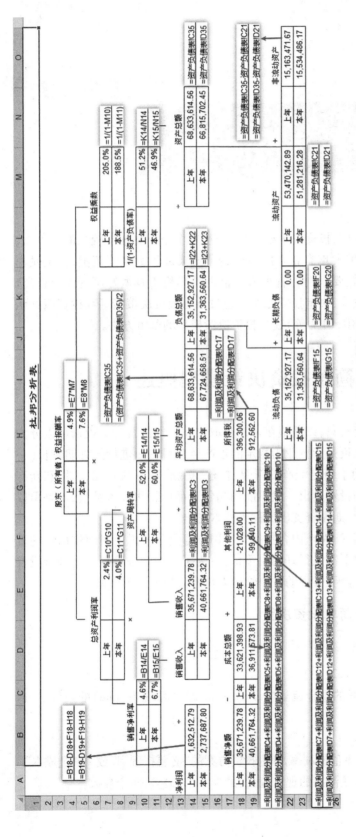

图4-13 Excel中的杜邦分析表

第 5 章　投资决策模型

在社会主义市场经济条件下,投资决策权回归企业,每个企业要维持较强的竞争力,就要根据市场竞争的需要,为扩大现有企业的生产经营规模或扩大经营范围,自主做出投资决策。企业要进行投资,就要求财务管理人员借助计算机工具做好可行性分析,合理地预测投资方案的收益和风险,决定投资方案。通过学习投资决策指标和投资指标函数,学会应用投资决策函数(IRR,NPV 等)建立投资决策模型的基本方法。

5.1　简单投资决策模型概述

投资是指投放财力于一定对象,以期望在未来获取收益的经济行为。投资可以分为长期投资和短期投资。长期投资是指企业为特定的生产经营目的而进行的为期较长(一般为一年以上)的投资,主要用于固定资产的新建、扩建、更新,资源的开发、利用和新产品的研制等。由于以上项目的投资支出一般不能用当年产品的销售收入补偿,而是由以后各期的销售收入补偿,因此长期投资支出又称为资本支出。

贴现现金流量指标净现值(NPV)、内含报酬率(IRR)都充分考虑了时间价值这一重要决策要素,因此,在一般情况下都是很好的决策依据:为了方便财务管理人员进行投资决策,Excel 提供了 NPV、IRR 等函数,帮助财务管理人员建立投资决策模型。

5.1.1　净现值法进行简单投资决策

1)净现值函数 NPV( )

语法:NPV(rate,value1,value2,…)

功能:在已知未来连续期间的现金流量(value1,value2)及贴现率(rate)的条件下,返回某项投资的净现值。

参数:

Rate 是各期现金流量折为现值的利率,即为投资方案的"必要报酬率"或"资金成本"。

value1,value2,…代表流入或流出的现金流量,最少 1 个,最多 29 个参数。

说明:

·valuei 所属各期长度必须相等,而且现金流入和现金流出的时间均发生在期末。

·NPV 函数根据 value1,value2,…,的顺序来解释现金流量的顺序。

·NPV 函数假设投资开始于 value1 现金流量的前一期,而结束于最后一笔现金流量发生的当期。如果第一笔现金流量发生在第一期的期初,请将第一笔现金流量加到 NPV 函数的计算结果上,而不包含在 value 参数序列之中。实际上 NPV( )函数计算的是未来报酬的总现值,其计算公式为:

$$\sum_{i=1}^{n} \frac{value_t}{(1+rate)^t}$$

投资方案的净现值 NPV 为:

NPV = NPV（rate,value1,value2,…）–Investment 投资额

2)净现值简单投资决策

【例 5-1】　某企业现投资 110 万元,以后 4 年每年年底将收回 20 万元、40 万元、60 万元、50 万元。假设资金成本率为 10%,计算其净现值。计算结果如图 5-1 所示。

	B1	▼	f_x	=NPV(10%, 20, 40, 60, 50)–110	
	A	B	C	D	E	F
1	净现值=	¥20.47				

图 5-1　函数 NPV( )的简单运用

净现值计算公式为:=NPV(10%,20,40,60,50)–110,其结果为:20.47。

结果表示净现值为 20.47 万元,大于 0,可以投资。

【例 5-2】　某企业有三种投资方案,资金成本为 10%,有关数据如图 5-2 所示。

在工作表中,净现值的计算公式定义如下:

A 方案的净现值计算公式,即 B8 单元的计算公式为:

　=NPV($E$3,B5:B7)+B4

B 方案的净现值计算公式,即 C8 单元的计算公式为:

　=NPV($E$3,C5:C7)+C4

C 方案的净现值计算公式,即 D8 单元的计算公式为:

　=NPV($E$3,D5:D7)+D4

	A	B	C	D	E	F
1	投　资　决　策					
2	期间	A方案 净现金流量	B方案 净现金流量	C方案 净现金流量	资金成本率 10%	
3						
4	0	-20,000	-9,000	-12,000		
5	1	11,000	1,000	4,000		
6	2	14,000	5,000	5,000		
7	3		5,500	4,600		
8	净现值	1,570	174	-775		
9	内含报酬率	15.57%	10.90%	6.38%		
10	修正内含报酬率	14.72%	11.14%	8.24%		
11						
12						
13						

图 5-2　投资决策与函数 NPV( )

由图 5-2 可知,A、B 两项投资的净现值为正数,说明该方案的投资率超过企业的资金成本率 10%,这两个方案是有利的,因此可以接受。C 方案净现值为负数,说明该方案的报酬率达不到 10%,因而应予放弃。A 和 B 方案相比,A 方案更好些。在工作表中,由于净现值与投资额、每期的现金流量等基本数据之间建立了链接关系。当投资方案改变时,财务人员只需改变方案中的基本数据,新方案的净现值将自动计算出来。

5.1.2 内部报酬率法进行简单投资决策

1) 内含报酬率函数 IRR( )

语法:IRR(values,guess)

功能:返回连续期间的现金流量(values)的内含报酬率。

参数:values 必须是含有数值的数组或参考地址。它必须含有至少一个正数及一个负数,否则内含报酬率可能会是无限解。IRR 函数根据 values 参数中数字的顺序来解释现金流量的顺序,所以在输入现金流入量及现金流出量时,必须按照正确的顺序排列。values 参数中的正文、逻辑值或空白单元,都被忽略不计。

guess 为您猜想的接近 IRR 结果的数值。IRR 函数从 guess 猜测数开始,反复计算直到误差值小于 0.000 01%,如果在反复计算 20 次后,依旧无法求得结果,IRR 函数则会返回错误值#NUM。在大部分处理中,并不需要提供 guess 值。如果省略掉 guess,IRR 函数将假设它是 0.1(10%)。但是,如果 IRR 函数返回错误值#NUM,则应使用不同的 guess 猜测数再试一次。

2) 内含报酬率简单投资决策

【例 5-3】 某企业现投资 110 万元,以后 4 年每年年底将收回 20 万元、40 万元、60 万元、50 万元。内含报酬率为多少?计算结果如图 5-3 所示。

	B1		f_x	=IRR({-110, 20, 40, 60, 50})		
	A	B	C	D	E	F
1	内含报酬率=	17%				

图 5-3 函数 IRR( )的简单运用

内含报酬率计算公式为=IRR({-110,20,40,60,50}),结果为 17%。用花括号括起来表示数组,数组中的元素用","号隔开,这是一个 1×5 的数组,即含有 5 个元素的一维数组。

该公式中 guess 参数缺省。

【例 5-4】 NPV 函数与 IRR 函数的嵌套使用。

NPV(IRR(B4:B7),B4:B7)的值为 0。如图 5-4 所示:

	A	B	C	D	E	F
		B11	fx	=NPV(IRR(B4:B7),B4:B7)		
1		投　资　决　策				
2	期间	A方案	B方案	C方案	资金成本率	
3		净现金流量	净现金流量	净现金流量	10%	
4	0	-20,000	-9,000	-12,000		
5	1	11,000	1,000	4,000		
6	2	14,000	5,000	5,000		
7	3		5,500	4,600		
8	净现值	1,570	174	-775		
9	内含报酬率	15.57%	10.90%	6.38%		
10	修正内含报酬率	14.72%	11.14%	8.24%		
11	函数嵌套结果:	￥0.00				
12						
13						

图 5-4　函数 NPV 与函数 IRR 嵌套使用

该公式表示,光对 A 方案求内含报酬率、再用该方案的内含报酬率作为贴现率计算净现值,则净现值必定为 0。

【例 5-5】　假设某企业投资决策,内含报酬率的计算公式定义如下:

在工作表中 A 方案的内含报酬率,即 B9 单元公式为:

　　=IRR(B4:H7,10%)

设 guess 为 10% ,以 B4:B7 为参考地址;

　　=IRR(B4:B7)

设 guess 为缺省。

B 方案的内含报酬率,即 C9 单元公式为:

　　=IRR(C4:C7)

C 方案的内合报酬率,即 D9 单元公式为:

　　=IRR(D4:D7)

计算结果如图 5-5 所示:

	A	B	C	D	E	F
1		投　资　决　策				
2	期间	A方案	B方案	C方案	资金成本率	
3		净现金流量	净现金流量	净现金流量	10%	
4	0	-20,000	-9,000	-12,000		
5	1	11,000	1,000	4,000		
6	2	14,000	5,000	5,000		
7	3		5,500	4,600		
8	净现值	1,570	174	-775		
9	内含报酬率	15.57%	10.90%	6.38%		
10	修正内含报酬率	14.72%	11.14%	8.24%		
11						
12						
13						

图 5-5　投资决策与函数 IRR( )

由图 5-5 可知,A,B 方案的内含报酬率大于资金成本率,可以接受,而 C 方案的内含报酬率小于资金成本率,则应该放弃。

在工作表中,由于内含报酬率与投资额、每期的现金流量等基本数据之间建立了链接关系,当投资方案改变时,财务人员只需改变方案中的基本数据,新方案的内含报酬率将自动计算出来。在投资决策模型中运用 IRR() 函数,大大简化了内含报酬率的计算工作。

3)修正内含报酬率函数 MIRR()

内含报酬率虽然考虑了时间价值,但是未考虑现金流入的再投资机会。根据再投资的假设,已经有学者提出修正内含报酬率法,以此来弥补内含报酬率法忽略再投资机会成本的缺点。

语法:MIRR(values,finance_rate,reinvest_rate)

功能:返回某连续期间现金流量(values)的修正内含报酬率。MIRR 函数同时考虑了投入资金的成本(finance_rate)及各期收入的再投资报酬率(reinvest_rate)。

参数:

Values 必须是个含有数值的数组或参考地址。这些数值分别代表各期的支出(负数)及收入(正数)数额,values 参数中必须至少含有一个正数及一个负数。否则 MIRR 函数全返回错误值"#DIV/0!"。MIRR 函数根据 values 的顺序来解释现金流量的顺序,参数中的正文、逻辑值或空白单元,都会被忽略不计。

finance_rate 代表资金成本或必要报酬率。

reinvest_rate 代表再投资资金机会成本或再投资报酬率。

4)修正内含报酬率简单投资决策

【例5-6】 如图5-6所示,假设原始投资是向银行贷款的,且年利率为10%,并假设再投资报酬率为12%。则修正内含报酬率的计算公式定义为:

A 方案的修正内含报酬率,即 B10 单元公式为:

=MIRR(B4:B7,10%,12%)

B 方案的内含报酬率,即 C10 单元公式为:

=MIRR(C4:C7,10%,12%)

C 方案的内含报酬率,即 D10 单元公式为:

=MIRR(D4:D7,10%,12%)

计算结果如图5-6所示。

	A	B	C	D	E	F
1		投 资 决 策				
2	期间	A方案 净现金流量	B方案 净现金流量	C方案 净现金流量	资金成本率	
3					10%	
4	0	-20,000	-9,000	-12,000		
5	1	11,000	1,000	4,000		
6	2	14,000	5,000	5,000		
7	3		5,500	4,600		
8	净现值	1,570	174	-775		
9	内含报酬率	15.57%	10.90%	6.38%		
10	修正内含报酬率	14.72%	11.14%	8.24%		
11						
12						
13						

图5-6 投资决策与函数 MIRR()

5.2　固定资产更新决策模型

5.2.1　折旧方法与函数应用

1）直线折旧法

（1）直线折旧法概念

直线折旧法是计算折旧常用的一种方法，使用直线折旧法计算折旧时，每期的折旧额的公式为：

$$年折旧额 = \frac{原始成本 - 预计净残值}{使用年限}$$

（2）直线折旧法函数 SLN

语法：SLN（cost，salvage，life）

功能：返回某项固定资产每期按直线折旧法计算的折旧数额，所有参数值必须是正数。否则将返回错误值"#NUM！"。

参数：

cost 为固定资产的原始成本。

salvage 为固定资产报废时的预计净残值。

life 为固定资产可使用年数的估计数。

【例 5-7】　一台自动化机床，可用期限 5 年，原始成本 110 万元，预计净残值 10 万元，用 SLN 函数表示的每期折旧额的公式为：

=SLN（1 100 000，100 000，5）

其值等于 200 000 元。

如果公式为

=SLN（-11 000，100 000，5），计算如图 5-7 所示。

则返回错误值"#NUM！"。

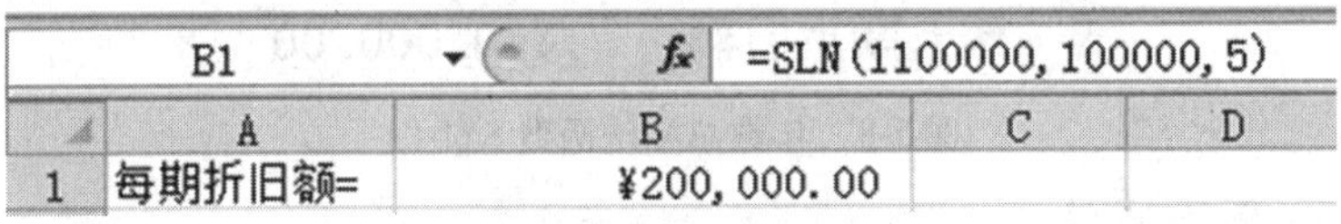

图 5-7　直线折旧法函数 SLN（）

2）年数总和法

（1）年数总和法概念

年数总和法是一种加速折旧方法，它以固定资产的原始成本减去预计残值后的余额乘以一个逐年递减的分数，作为该期的折旧额，这个分数的分母是固定资产使用年限的各年年数之和，分子是固定资产可使用年限；假设使用年限为 life，则递减分数的分母为：

Life+（Life-1）+（Life-2）+…+1 = Life×（Life+1）/2

自第 1 期至第 Life 期分子分别为 Life，Life−1，Life−2，…，1。

年折旧额的计算公式为：

$$年折旧额 = \frac{(原始成本 - 预计净残值) \times 尚可使用年限}{使用年限之和}$$

（2）年数总和法函数 SYD( )

语法：SYD(cost，salvage，life，per)

功能：返回某项固定资产某期间的按年数总和法计算的折旧数额。

所有参数都应为正数，否则将返回错误值"#NUM！"。

参数：

cost 为固定资产的原始成本。

salvage 为固定资产报废时的预计净残值。

life 为固定资产可使用年限的估计数。

per 为指定要计算第几期折旧数额。

life 与 per 参数应采用相同的单位，且 per 应小于或等于 life。

【例 5-8】 某自动化机床，原始成本 100 万元，预计净残值 10 万元，期限 5 年，用年数总和法 SYD 函数计算 1 期到 5 期的折旧额，计算公式为：

=SYD(1 000 000，100 000，5，1)，第 1 期折旧额等于 300 000

=SYD(1 000 000，100 000，5，2)，第 2 期折旧额等于 240 000

=SYD(1 000 000，100 000，5，3)，第 3 期折旧额等于 180 000

=SYD(1 000 000，100 000，5，4)，第 4 期折旧额等于 120 000

=SYD〔1 000 000，100 000，5，5)，第 5 期折旧额等于 600 000，计算如图 5-8 所示。

如果公式为：

=SYD(1 000 000，100 000，5，−5)，则返回错误值"#NUM！"。

	A	B
1	第一期折旧额=	¥300,000.00
2	第二期折旧额=	¥240,000.00
3	第三期折旧额=	¥180,000.00
4	第四期折旧额=	¥120,000.00
5	第五期折旧额=	¥60,000.00

图 5-8 年数总和法函数 SYD( )

3）双倍余额递减法

（1）双倍余额递减法概念

双倍余额递减法也是一种加速折旧的方法，它是用直线法的双倍百分比，逐期乘以该期期初固定资产账面余额，作为该期的折旧额，直到折旧额小于按直线计算的折旧额为止。其计算公式为：

$$年折旧额 = 期初固定资产账面余额 \times 双倍直线折旧率$$

$$双倍直线折旧率 = 2 \times \frac{1}{预计使用年限} \times 100\%$$

但是,一般在最后两期计算的折旧额已经少于按直线法计算的折旧额时,应将固定资产净值(扣除净残值)平均摊销。

(2)双倍余额递减法函数 DDB( )

语法:DDB(cost,salvage,life,period,factor)

功能:返回固定资产在某期间(period)的折旧数额,折旧数额是根据资产的原始成本(cost)、预计使用年限(life)预计净残值(salvage)及递减速率(factor),按倍率递减法计算而得出的。DDB 函数所有参数均需为正。

参数:

cost 指固定资产的原始成本。

salvage 指固定资产使用期限结束时的预计净残值。

life 指固定资产预计使用年数。

period 指所要计算折旧的期限,period 必须与 life 参数用相同的计量单位。

factor 参数为选择性参数,缺省值为 2,即为双倍余额递减法,但用户可改变此参数。

【例 5-9】　假设某一公司购买自动化生产设备的成本为 20 000 万元,预计使用年限为 5 年,预计净残值为 600 万元,采用双倍余额递减法函数计算各期的折旧额,第一年到第五年折旧额的计算公式为:

前三年采取双倍余额递减法计算折旧:

第一年折旧额=DDB(原始成本,残值,使用年限,1)

第二年折旧额=DDB(原始成本,残值,使用年限,2)

第三年折旧额=DDB(原始成本,残值,使用年限,3)

后两年采取直线法计算折旧:

第四、五年折旧额=SLN(账面折余价值,残值,2),计算如图 5-9 所示。

各年折旧额计算表

原始成本:	20000		
使用年限:	5		
残值:	600		

年份	双倍余额递减法	直线法	年数总和法
1	8,000	3,880	6,467
2	4,800	3,880	5,173
3	2,880	3,880	3,880
4	1,860	3,880	2,587
5	1,860	3,880	1,293
合计	19,400	19,400	19,400

图 5-9　双倍余额递减法函数 DDB( )

4)倍率(factor)余额递减法函数 VDB( )

(1)倍率余额递减法概念

倍率(factor)余额递减法是指以同倍率的余额递减法计算某个时期内折旧额的方法。双倍余额递减法是倍率等于 2 的倍率余额递减法函数,是倍率余额递减法的特例。

（2）倍率余额递减法函数 VDB( )

语法：VDB(cost,salvage,life,start_period,end_period,factor,no_switch)

功能：返回某项固定资产某个时期内的折旧数额。如果 factor 被省略,此函数将根据该资产的原始成本(cost)及使用年限(life)、预计净残值(salvage),采用"双倍余额递减法"来计算折旧数额。

说明：VDB 函数的概念类似 DDB 函数。都采用某倍率余额递减法来进行折旧,但 VDB 函数可计算某一期间的折旧额,而 DDB 函数只计算某一期。即

$$VDB(i,j) = \sum_{n=i+1}^{j} DDB(n) \qquad (i,j,n \text{ 均为期数})$$

VDB 函数亦为一种加速折旧法,其公式为:

$$[(cost-前期折旧总数)\times factor]/life$$

如果 factor 省略,将假设为 2(双倍余额递减法)。

如果 no_switch 为 False 或被省略,则当直线折旧数额大于倍率余额递减法算出的折旧时,VDB 函数会将折旧数额切换成直线法的折旧数额。

如果 no_switch 为 TRUE,即使直线折旧数额大于倍率余额递减法算出的折旧,VDB 函数也不会将折旧数额切换成直线法的折旧数额。

除了 no_switch 参数为选择性参数外,其他的参数都必须是正数,否则会返回错误值"#NUM!"。

【例 5-10】 以上例的基本数据为例,用 VDB 函数完成按"双倍余额递减法"计算折旧数额,倍率(factor)为 2。

当倍率(factor)为 1.5 时:

第一年折旧:

＝VDB(20 000,600,5,0,1,1.5,true),等于 6 000,计算如图 5-10 所示。

	B1	▼	fx	=VDB(20000, 600, 5, 0, 1, 1.5, TRUE)	
	A	B	C	D	E
1	第一年折旧=	¥6,000.00			

图 5-10 倍率余额递减法函数 VDB( )第一年折旧

第一期到第三期的累计折旧额:

＝VBD(20 000,600,5,0,1.5,True),等于 13 140,如图 5-11 所示。

倍率(factor)不同,则可以得到不同的结果。

	B1	▼	fx	=VDB(20000, 600, 5, 0, 3, 1.5, TRUE)	
	A	B	C	D	
1	第一期到第三期累计折旧额	¥13,140.00			

图 5-11 倍率余额递减法函数 VDB( )第一到第三期折旧

5）几种折旧函数的对比模型

企业最常用的折旧法分别为直线法、年数总和法与双倍余额递减法,这三种折旧的计算都可以通过 Excel 所提供的 SLN、SYD、DDB 与 VDB 函数来完成。现假设固定资产

原始成本 20 000 万元,预计净残值 600 万元,使用期限为 5 年,在各种不同折旧方法下的各期折旧额。

绘制不同折旧方法对比分析图:

- 选择 B5:D10 单元区域;
- 单击图表指南工具;
- 选择分析图位置 A13:D26;
- 选择折线图;
- 按【确定】按钮,它能够直观地反映出各种折旧方法的对应折旧额,如图 5-12 所示。
- 增加标题"折旧方法的比较"。

由于表内数据之间建立了链接,同时表中数据与分析图之间也建立了链接。因此,对于不同的固定资产,只需改变其原始成本、净残值等,各期的折旧额将自动重新计算,分析图也将自动更新。

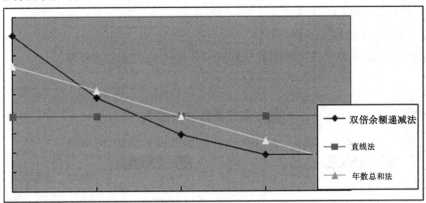

图 5-12　折旧函数的对比

5.2.2　固定资产决策模型设计与应用

1）建立固定资产更新决策模型

某公司考虑用一台新的、效率高的设备来代替旧设备,以减少成本,增加收益。新旧设备有关资料。

这属于寿命相等的更新决策。到底是否更新,如果更新应选择哪种设备呢? 这就需要建立固定资产更新决策模型进行分析。

建立寿命相等的固定资产更新决策模型,主要是建立现金流量表结构或框架、净现值公式,然后将具体设备的数据填入模型中,净现值计算结果将自动产生。图 5-13 给出了固定资产更新模型。

创建一个新的工作簿,在工作簿中选择一个工作表,并将工作表名改为"固定资产模型"。下面讨论固定资产更新决策模型的建立。

(1)现金流量表中公式的建立

①现金流量表一般公式的建立。进行固定资产更新决策,首先建立新、旧资产现金

流量表。现金流量表中存在以下钩稽关系：

税前净利=销售收入-付现成本-折旧额

所得税=税前净利-所得税税率

税后净利=税前净利-所得税

营业现金流量=税后净利+折旧=销售收入-付现成本-所得税

现金流量=营业现金流量+终结现金流量

具体在现金流量表上建立钩稽关系的方法是，先建立某期的一个公式，公式用【复制】工具复制下来，选择复制的范围（单元区域）后，用粘贴工具将其粘贴在该行其他的单元区域中。

【例 5-11】 建立旧设备第一期"税前净利"公式。将其复制到各期，如图 5-13 所示。

- 选择 B13 单元；
- 输入公式=B10-B11-B12，即建立第一期公式；
- 单击【复制】工具；
- 选择单元区域 C13：F13；
- 单击【粘贴】工具。

粘贴过程自动调整公式中的单元引用并将正确的公式复制到各期。

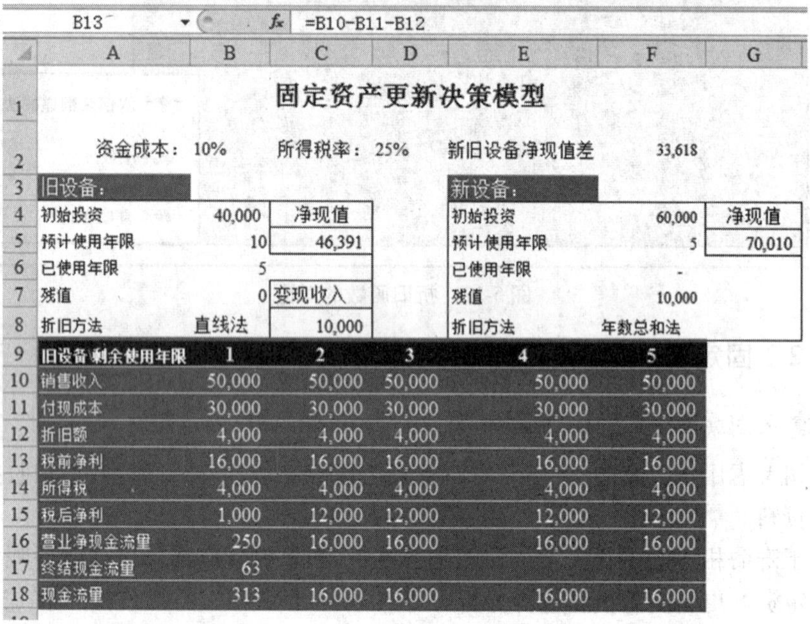
B13 =B10-B11-B12

	A	B	C	D	E	F	G
1			固定资产更新决策模型				
2	资金成本：	10%	所得税率：	25%	新旧设备净现值差	33,618	
3	旧设备：				新设备：		
4	初始投资	40,000	净现值		初始投资	60,000	净现值
5	预计使用年限	10	46,391		预计使用年限	5	70,010
6	已使用年限	5			已使用年限	-	
7	残值	0	变现收入		残值	10,000	
8	折旧方法	直线法	10,000		折旧方法	年数总和法	
9	旧设备 剩余使用年限	1	2	3	4	5	
10	销售收入	50,000	50,000	50,000	50,000	50,000	
11	付现成本	30,000	30,000	30,000	30,000	30,000	
12	折旧额	4,000	4,000	4,000	4,000	4,000	
13	税前净利	16,000	16,000	16,000	16,000	16,000	
14	所得税	4,000	4,000	4,000	4,000	4,000	
15	税后净利	1,000	12,000	12,000	12,000	12,000	
16	营业净现金流量	250	16,000	16,000	16,000	16,000	
17	终结现金流量	63					
18	现金流量	313	16,000	16,000	16,000	16,000	

图 5-13 第一期"税前净利"公式

【例 5-12】 建立旧设备第一期所得税、税后净利、营业现金流量、现金流量公式，如图 5-14 所示。

- 选择 B14 单元，输入"所得税"公式=B13×所得税率；
- 选择 B15 单元，输入"税后净利"公式=B13-B14；
- 选择 B16 单元，输入"营业现金流量"公式=B15+B12；
- 选择 B18 单元，输入"现金流量"公式=B16+B17。

将这 4 个公式一次复制到各期。

- 选择 B14:B18 单元区域；
- 单击【复制】工具；
- 选择单元区域 C14:F8；
- 单击【粘贴】工具。

粘贴过程自动调整公式中的单元引用，将正确的公式复制到各期。

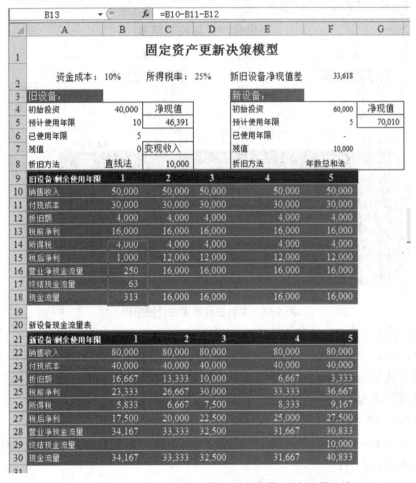

图 5-14 所得税、税后净利、营业现金流量、现金流量公式

对于不同的折旧方法，Excel 提供了相应的折旧函数。因此，在模型中，先将新、旧设备的主要数据单元定义名称(如用【插入】功能区【名称】命令，将 B4 单元——旧设备的初始投资额的名称定义为"初始投资_旧"，将 F4 单元——新设备的初始投资额的名称定义为"初始投资_新")，再根据具体固定资产的折旧方法，先在折旧行建立一个公式，然后将该公式用【复制】工具复制下来，选择复制的范围(单元区域)后，用【粘贴】工具将其粘贴在该行其他的单元区域中。

【例 5-13】 旧设备采用直线折旧法计提折旧，建立其折旧公式，计算如图 5-15 所示。

- 选择 B12 单元；
- 输入公式 =SLN(初始投资_旧,残值_旧,使用年限_旧)；
- 单击【复制】工具；
- 选择单元区域 C12：F12；
- 单击【粘贴】工具。

图 5-15　采用直线折旧法计提折旧

（2）净现值计算公式的建立

建立净现值计算公式可以使用上面讨论的 NPV 函数来完成,计算如图 5-16 所示。

旧设备从第三年算起,尚可使用年限为 5 年,则现金流量的单元区域为 B18：F18,旧设备净现值公式为：

净现值 = NPV(资金成本,B18：F18)

新设备从第一年算起,尚可使用年限为 5 年,则现金流量的单元区域为 B30：F30,新设备净现值的公式为：

净现值 = NPV(资金成本,B30：F30)-初始投资

净现值公式中要用到设备各年的现金流量,即现金流量是一个单元区域。对于不同的设备,尚可使用年限是不同的,当设备的尚可使用年限变化时现金流量的单元区域也发生变化,因此,就要对净现值公式中的现金流量公式进行修改。为使固定资产更新决策的模型能适合各种设备,而不必修改净现值公式,就需要将现金流量的单元区域定义名称。

将旧设备模型中现金流量单元区域(B18：F18)定义为"现金流量_旧",这样净现值的公式就可以写成：

净现值 = NPV(资本成本,现金流量_旧)

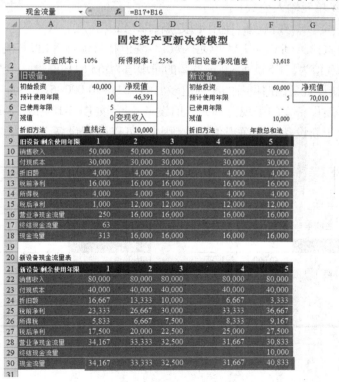

图 5-16　旧设备模型中现金流量单元区域

将新设备模型中现金流量单元区域（B30：F30）定义为"现金流量_新"，这样净现值的公式就可以写成：

净现值＝NPV（资本成本，现金流量_新）－初始投资

当另一设备的使用年限发生变化时，只需用【插入】功能区中的【名称】命令的【定义】命令，重新定义现金流量单元区域，而不用修改净现值公式，计算如图 5-17 所示。

现金流量	fx =B17+B16					
	A	B	C	D	E	F	G

固定资产更新决策模型

资金成本：10%　　所得税率：25%　　新旧设备净现值差　　33,618

旧设备：				新设备：		
初始投资	40,000	净现值		初始投资	60,000	净现值
预计使用年限	10	46,391		预计使用年限	5	70,010
已使用年限	5			已使用年限		
残值	0	变现收入		残值	10,000	
折旧方法	直线法	10,000		折旧方法	年数总和法	

旧设备剩余使用年限	1	2	3	4	5
销售收入	50,000	50,000	50,000	50,000	50,000
付现成本	30,000	30,000	30,000	30,000	30,000
折旧额	4,000	4,000	4,000	4,000	4,000
税前净利	16,000	16,000	16,000	16,000	16,000
所得税	4,000	4,000	4,000	4,000	4,000
税后净利	1,000	12,000	12,000	12,000	12,000
营业净现金流量	250	16,000	16,000	16,000	16,000
终结现金流量	63				
现金流量	313	16,000	16,000	16,000	16,000

新设备现金流量表

新设备剩余使用年限	1	2	3	4	5
销售收入	80,000	80,000	80,000	80,000	80,000
付现成本	40,000	40,000	40,000	40,000	40,000
折旧额	16,667	13,333	10,000	6,667	3,333
税前净利	23,333	26,667	30,000	33,333	36,667
所得税	5,833	6,667	7,500	8,333	9,167
税后净利	17,500	20,000	22,500	25,000	27,500
营业净现金流量	34,167	33,333	32,500	31,667	30,833
终结现金流量					10,000
现金流量	34,167	33,333	32,500	31,667	40,833

图 5-17　新设备模型中现金流量单元区域

(3)新旧设备净现值差额公式的建立

新旧设备净现值差额=新设备 NPV-旧设备 NPV+变现收入

新旧设备净现值差额≥0 可更新；

新旧设备净现值差额<0 不可更新。

2）固定资产更新决策模型的使用

固定资产更新决策模型的结构建立后就可以根据具体设备输入有关数据：

- 资金成本；
- 所得税率；
- 新旧设备的初始投资；
- 新旧设备的预计使用年限；
- 新旧设备的已使用年限；
- 新旧设备的残值；
- 新旧设备的销售收入和付现成本。

当决策人员将这些数据输入模型后,新旧设备的净现值以及新旧设备净现值之差自动计算出来,通过对比新旧设备的净现值差额的大小,决定是否更新固定资产。

下面通过使用固定资产更新模型,做出是否更新、用什么设备更新的决策。

【例 5-14】 旧设备与新设备 1 对比。输入新设备 1 的有关数据,并填入直线法折旧公式,即在 B24 单元输入公式：

SLN(初始投资_新,残值_新,使用年限_新,B21)；

然后将该公式拷贝到 C24:F24 单元区域,净现值将自动计算出,其值为 53 311 元。

旧设备的净现值为：51 555 元；新设备 2 的净现值为：53 311 元,加上变卖旧设备的机会成本 10 000 元,新设备 2 比旧设备的净现值多出(53 311+10 000-51 555)= 11 756 元。

新设备 1 和新设备 2 的净现值都大于旧设备,计算如图 5-18 和图 5-19 所示。因此,可以更新。又由于新设备 2 的净现值最大,因此,可以将新设备 2 作为更新决策的所选设备。

图 5-18　新设备 1 净现值大于旧设备

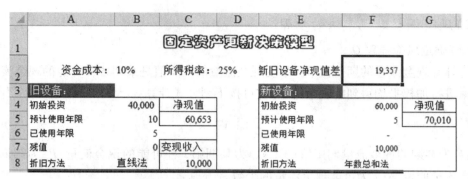

图 5-19　新设备 2 净现值大于旧设备

这个模型虽然方便了财务管理人员从事固定资产更新决策,但只是一个初级模型,还存在一些问题。比如,对新的固定资产进行更新决策,当折旧方法改变时,就要重新建立其折旧公式,给决策人带来一定的不便;当新的固定资产使用年限变化时,净现值公式中的现金流量的单元区域就需要调整,如果忘记调整,将导致错误的决策。为了使模型具有适应性、通用性,可以在折旧方法处增加一个"下拉框控制项"按钮,通过驱动该按钮选择不同折旧方法,系统将自动更改相应的折旧公式;净现值的计算用宏来实现,当使用年限变化时,先重新定义现金流量的单元区域,然后通过"计算净现值"按钮,完成净现值的计算,关于表单控件等问题本章不仔细讨论,因此可以将该模型进一步完善。

5.3　投资风险分析模型

5.3.1　投资风险分析理论回顾

投资决策时,曾经假设现金流量是确定的,即可以确定现金收支的金额及其发生时间。实际上,投资活动充满不确定性。如果决策面临的不确定性比较小,一般可忽略它们的影响,把决策视为确定情况的决策。如果决策面临的不确定性和风险比较大,足以影响方案的选择,那么就应该对它们进行计量并在决策时加以考虑。投资风险分析的常用方法主要有风险调整贴现率和肯定当量法,本书以风险调整贴现率方法为依据,讨论运用投资决策函数建立风险分析模型的基本方法。

1) 风险调整贴现率法的含义

投资风险分析最常用的方法是风险调整贴现率法。这种方法的基本思想是:对高风险的项目,采用较高的贴现率,即用一个包括了风险因素的贴现率——风险调整贴现率去计算净现值,然后根据净现值法的规则来选择方案。

风险调整贴现率 K 的计算公式为:

$$K = i + b \times Q$$

式中,i 为无风险贴现率;b 为风险报酬率;Q 为风险程度。

假设 i 是确定的,为了确定 K 先确定 Q 和 b。

2）风险调整贴现率法的步骤

（1）确定风险程度 Q

①计算现金流量的期望值 E。某期现金流量的期望值是某期各种可能的现金流量按其概率进行加权平均得到的现金流量，它可按下列公式计算：

$$E = \sum_{i=1}^{n} \text{CFAT}_i \times P_i$$

式中：E 为某期的现金流量期望值；CFAT_i 为某期第 i 种可能的现金流量；P_i 为第 i 种可能现金流量的概率；n 为可能现金流量的个数。

②计算各期现金流量期望值的现值 EPV。

$$\text{EPV} = \frac{E_1}{(1 + i)^1} + \cdots + \frac{E_n}{(1 + i)^n}$$

式中：EPV 为各期现金流量期望值的现值；E_i 第 i 期现金流量期望值；i 为无风险贴现率。

③计算各期现金流量的标准离差值。标准离差是各种可能的现金流量偏离期望现金流量的综合差异，某期现金流量标准离差的计算公式按下式计算：

$$d = \sqrt{\sum_{i=1}^{n} (\text{CFAT}_i - E)^2 \times P_i}$$

④计算各期现金流量综合标准差 D。

$$D = \sqrt{\sum_{i=1}^{n} \frac{d_i^2}{(1 + i)^{2t}}}$$

⑤计算标准离差率——风险程度 Q。现金流量的离散程度，可以反映其不确定性的大小，但标准离差是一个绝对值，受后果值（现金流量金额）的影响，不便于比较不同规模项目的风险大小。用标准离差与期望值的比值，即标准离差率 Q 可以比较不同规模项目风险的大小。

$$Q = \frac{综合标准差}{现金流量期望值的现值} = \frac{D}{\text{EPV}}$$

通过上述每一步的计算求出了 Q。

（2）确定风险报酬率 b

风险报酬率是直线方程 $x = j + 6 \times Q$ 的斜率，它的高低反映了风险程度变化对风险调整最低报酬率的影响大小。风险报酬率可以根据企业的历史资料通过统计的方法来测定，也可由投资者分析判断得出。如果投资者愿意冒险，风险报酬率就确定得小些；如果投资者不愿意冒险，风险报酬率就确定得大些。

（3）用风险调整贴现率 K 计算方案的净现值

Q 和 b 确定后，风险调整贴现率 K 也确定了，用风险调整贴现率 K 去计算净现值，然后据净现值法的规则来选择方案。净现值的计算公式为：

$$\text{EPV} = \frac{E_1}{(1 + K)^1} + \cdots + \frac{E_n}{(1 + K)^n}$$

5.3.2　投资风险分析模型设计与应用

1)建立投资风险分析模型

下面通过一个实例来讨论投资风险分析模型的设计方法。

在工作簿中,选择一个工作表,将该工作表名称改为“投资风险”。

(1)建立基本数据区

该区域用来存放企业投资方案及无风险报酬率、风险报酬斜率等基本数据。

对不同的企业或同一企业的不同方案,可以通过该方法进行定义。

(2)建立分析区域

按照风险调整贴现率法,我们需要在分析区域建立每种方案、每期的现金流量期望值 E_i、标准离差 d_i 的计算公式;建立每种方案的期望现值 EPV、综合标准离差 D、风险程度 Q 及风险调整贴现率 K 的公式。

①现金流量期望值 E 公式和现金流量标准离差公式的建立方法,计算如图 5-20 所示。

$$E = \sum \mathrm{CFAT}_i \times P_i$$

$$d = \sqrt{\sum (\mathrm{CFAT}_i - E)^2 \times P_i}$$

首先建立方案 1 第 1 期公式:

- 选择 B22 单元,建立 E 的公式;
- 输入公式=B8 * C8+B9 * C9+B10 * C10

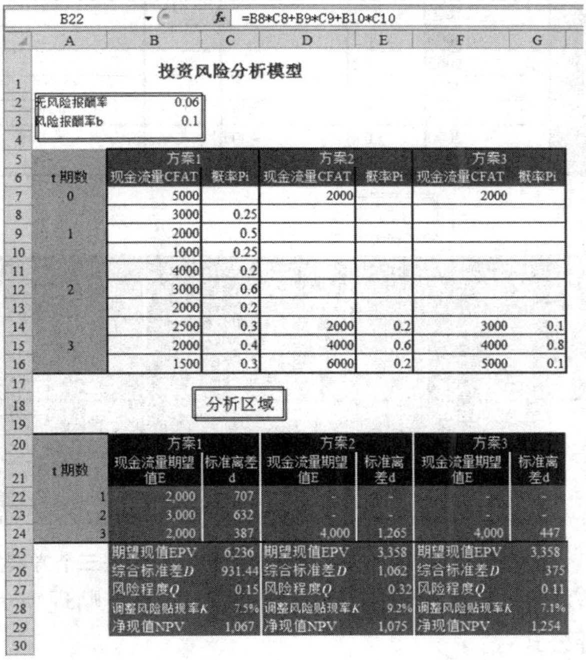

B22　=B8*C8+B9*C9+B10*C10

	A	B	C	D	E	F	G
1		投资风险分析模型					
2	无风险报酬率	0.06					
3	风险报酬率b	0.1					
4							
5		方案1		方案2		方案3	
6	t 期数	现金流量CFAT	概率Pi	现金流量CFAT	概率Pi	现金流量CFAT	概率Pi
7	0	5000		2000		2000	
8		3000	0.25				
9	1	2000	0.5				
10		1000	0.25				
11		4000	0.2				
12	2	3000	0.6				
13		2000	0.2				
14		2500	0.3	2000	0.2	3000	0.1
15	3	2000	0.4	4000	0.6	4000	0.8
16		1500	0.3	6000	0.2	5000	0.1
17							
18		分析区域					
19							
20		方案1		方案2		方案3	
21	t 期数	现金流量期望值E	标准离差d	现金流量期望值E	标准离差d	现金流量期望值E	标准离差d
22	1	2,000	707	-	-	-	-
23	2	3,000	632	-	-	-	-
24	3	2,000	387	4,000	1,265	4,000	447
25		期望现值EPV	6,236	期望现值EPV	3,358	期望现值EPV	3,358
26		综合标准差D	931.44	综合标准差D	1,062	综合标准差D	375
27		风险程度Q	0.15	风险程度Q	0.32	风险程度Q	0.11
28		调整风险贴现率K	7.5%	调整风险贴现率K	9.2%	调整风险贴现率K	7.1%
29		净现值NPV	1,067	净现值NPV	1,075	净现值NPV	1,254
30							

图 5-20　现金流量期望值 E 公式和现金流量标准离差单个公式的建立

- 选择 C22 单元,建立 d 的公式;
- 输入公式 =SQRT((B8−B22)^2 * C8+(B9−B22)^2 * C9+(B10−B22)^2 * C10)。

然后使用【复制】和【粘贴】或者通过使用拖动填充来建立方案 2、方案 3 的第一期公式。

复制与粘贴的方法如下:

- 选择 B22:C22 单元区域;
- 选择【开始】功能区的【复制】命令或工具栏中的【复制】工具;
- 选择 D22:G22 单元区域;
- 选择【开始】功能区的【粘贴】命令或工具栏中的【粘贴】工具;

拖动填充句柄的方法:

- 选择 B22:C22 单元区域;
- 拖动填充柄至 G22 单元。

通过这种方式我们能够很快建立各方案的公式,计算如图 5-21 所示。

图 5-21　现金流量期望值 E 公式和现金流量标准离差三个方案的建立

②期望现值 EPV、综合标准差 D、风险程度 Q、风险调整贴现率 K 公式的建立方法。

首先建立方案 1 的各公式:

- 选择 D29 单元,建立方案 1 净现值公式,计算如图 5-22 所示;

图 5-22 净现值公式

- 输入公式 = NPV (H28 : H22 , B23 : B24) ;
- 选择 B25 : B29 (第 1 方案的公式区域) , 计算如图 5-23 所示 ;

图 5-23 方案 1、方案 2、方案 3 各公式的建立

117

• 使用【复制】和【粘贴】或者通过使用拖动填充,完成方案 2、方案 3 各公式的建立。

2)投资风险分析模型的使用

投资风险分析模型中存在这样的钩稽关系。

无风险报酬率 i、风险报酬斜率 b 两个要素对任意方案的净现值都将产生影响。

在每个方案中,现金流量 CFAT、概率 P_i、无风险报酬率 i 决定着期望值的现值 EPV、综合标准差 D、标准离差率 Q;EPV、D、Q 和风险报酬斜率 b 又决定着每种方案的调整风险报酬率 K;调整风险报酬率 K 又决定着每种方案的净现值 NPV,因此,财务管理人员可以根据需要改变其中的要素,便可以得到不同的结果进行对比,最后找出最优的方案。

(1)调整无风险报酬率 i

无风险报酬率就是加上通货膨胀率以后的货币实际价值,一般把投资于国库券的报酬率视为无风险报酬率。当国家经济环境发生变化时,i 可能发生变化,当财务管理人员调整 i 时,所有方案的 NPV 将自动调整,此时可以根据净现值原理选择方案。

(2)改变风险报酬斜率 b

风险报酬斜率 b 是决策者根据企业的历史资料通过统计的方法来测定的,或者由投资者、有关专家分析判断确定的。如果投资者愿意冒险,风险报酬斜率就确定得小些;如果投资者不愿意冒险,风险报酬斜率就确定得大些。

因此,财务管理人员可以通过改变 b,得到不同的方案结果,并从中选择最优的方案。

3)改变方案的现金流量和概率

建立固定资产更新决策模型,在该公司资金成本为 12%、新设备采用不同的折旧方法(直线法、年数总和法)的条件下,根据净现值法和内含报酬率法对该公司的设备更新方案做出决策。

第6章　筹资决策模型

随着社会主义市场经济的发展,企业筹集资金已由过去的主要靠财政拨款和银行贷款两种形式逐步发展成为长期借款、股票筹资、债券筹资、租赁筹资等多种形式。企业筹资方式和筹资渠道日趋多样,这对企业筹资管理人员提出了新要求。财务管理人员应该掌握现代化的计算机工具建立筹资管理与决策模型,分析不同的筹资方式和渠道带来的成本和风险,以便选择合理的筹资渠道和最佳的筹资方式。本章主要讨论各种筹资决策函数,以及应用筹资决策函数、模拟运算表工具和用户图形接口工具——内部宏,建立筹资分析与决策模型的基本方法和技术。

6.1　简单筹资决策模型概述

6.1.1　筹资决策模型的主要函数及工具

企业筹集资金,是指企业根据其生产经营、对外投资和调整资金结构的需要,通过筹资渠道和资金市场,运用筹资方式,经济有效地筹措资金的过程。企业筹资一般分为长期筹资(资金需用期在一年以上或超过一年的一个营业周期以上)和短期筹资(资金需用期在一年以内或超过一年的一个营业周期以内)。筹资决策是企业财务管理中的一项重要内容,它是企业开展经营的前提,又在很大程度上影响着企业的投资活动、分配方案等。其中,长期资金筹集的决策也即资本决策涉及的金额大、期间长,对企业的投资、分配、风险、效益和发展等有着更深远的影响,其决策效果对企业有着十分重大的意义。

Excel 提供有关年金现值、年金终值、年金、利率、时间价值的函数,对复利现值、复利终值、永续年金等时间价值的计算比较简单,而且在工作表中定义也很容易,因此没有提供相应的函数。

关于现金流量时间价值函数的参数说明:

rate:期利率。

nper:总期数。

pmt:每期固定支付或收入的数额,即年金。

pv:初始值,为一选样性参数。如果此参数省略,则假设其值为0。

fv:终值,为一选择性参数。如果此参数省略,则假设其值为0。

type:年金类型。其值可以为0或1。type参数值为0,表示普通年金或后付年金;type参数值为1,表示先付年金。如果此参数缺省,则默认值为0。

在参数的使用上,若为付出的金额,则需以"负"数表示;如为收入,则以"正"数表示。

1)年金终值函数FV( )及应用

语法:FV(rate,nper,pmt,pv,type)

功能:在已知期数、利率及每期付款额的条件下,返回年金终值数额。FV是函数名。

【例6-1】 5年中每年存入银行100元,存款利率为8%,求第5年末年金终值。

每年年底存入100元,计算公式为=FV(8%,5,-100),其值为586.66元。

计算结果如图6-1所示。

图6-1　年金终值函数FV( )及应用

每年年初存入100元,计算公式为=FV(8%,5,-100,1),其值为633.59元。

计算结果如图6-2所示。

图6-2　年金终值函数FV( )及应用

2)年金现值函数PV( )及应用

语法:PV(rate,nper,pmt,fv,type)

功能:在已知期数、利率及每期付款额的条件下,返回年金现值数额。PV是函数名。

【例6-2】 现在存入一笔钱,准备在以后5年中每年得到100元,如果存款利率为8%,求现企业应该存入多少钱。

每年年底得到100元,计算公式为=PV(8%,5,100),其值为-399.27元。

计算结果如图6-3所示。

图6-3　年金现值函数FV( )及应用

每年年初得到 100 元,计算公式为 =PV(8%,5,100,1),其值为−431.21 元。

计算结果如图 6-4 所示。

图 6-4　年金现值函数 FV( )及应用

3)年金、年金中的本金、年金中的利息函数及应用

(1)年金函数:PMT

语法:PMT(rate,nper,pv,fv,type)

功能:在已知期数、利率及现值或终值的条件下,返回年金,即投资(或贷款)的每期付款额(包括本金和利息)。PMT 是年金函数名。

(2)年金中的利息函数 IPMT( )

语法:IPMT(rate,per,nper,pv,fv,type)

功能:在已知期数、利率及现值的条件下,返回投资(或贷款)的每期付款额中所含有的利息。IPMT 是计算年金中利息的函数名:

(3)年金中的本金函数 PPMT( )

语法:PPMT(rate,per,nper,pv,fv,type)

以上 3 个函数之间存在着以下关系:

PMT( )= PPMT( )+IPMT( )

【例 6-3】　某企业租用一设备,租金为 36 000 元,年利率为 8%,每年年末支付租金,租期为 5 年。

每期支付租金,计算公式为 =PMT(8%,5,−36 000),其值为 9 016.43 元。

计算结果如图 6-5 所示。

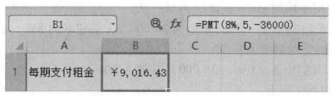

图 6-5　年金函数及应用

第 2 年支付的本金,计算公式为 =PPMT(8%,2,5,−36 000),其值为 6 627.35 元。

计算结果如图 6-6 所示。

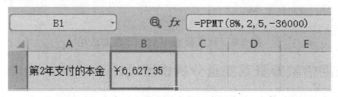

图 6-6　年金中的本金函数及应用

第 2 年支付的利息,计算公式为 = IPMT(8% ,2 ,5 , −36 000),其值为 2 389.08 元。

计算结果如图 6-7 所示。

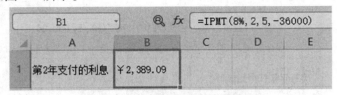

图 6-7　年金中的利息函数及应用

4)期初函数 NPER( )及应用

语法:NPER(rate,pmt,pv,fv,type)

功能:返回每期付款金额及利率固定的某项投资或贷款的期数。NPER 为计算年金中期数的函数名。

【例 6-4】　某企业租用一设备,租金为 36 000 元,年利率为 8%。若每年支付 9 016 元,需要多少年才能支付完租金?

计算公式为 = NPER(8% ,9 016 , −36 000),其值为 5.00 年。

计算结果如图 6-8 所示。

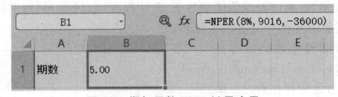

图 6-8　期初函数 NPER( )及应用

5)利率函数 RATE( )及其应用

语法:RATE(nper,pmt,pv,fv,type,guess)

功能:在已知期数、每期付款及现值的条件下,RATE 为年金函数名。

参数:guess 是对利率的猜测数,如果 guess 被省略,将假设它是 10%。如果 guess 函数无法收敛,需使用不同的 guess 猜测数再试一次。

【例 6-5】　某企业租用一设备,租金为 36 000 元,年利率为 8%。若租期为 5 年,每年支付 9 016 元,则支付利率为多少?

计算公式为 = RATE(5 ,9 016 , −36 000),其值为 8%。

计算结果如图 6-9 所示。

图 6-9　利率函数 RATE( )及其应用

6.1.2　长期借款筹资双变量分析模型设计

长期借款是指企事业单位向银行等金融机构以及向其他单位借入的、期限在一年以上的各种借款,主要用于小额的固定资产投资和流动资产的长期占用。取得长期借款是各类企事业单位筹集长期资金必不可少的方式。在进行长期借款之前,财务管理人员除了要了解我国长期贷款的种类、程序、借款合同等基本内容之外,最重要的问题是对贷款中的各因素进行分析,即对贷款金额、贷款利率、贷款期限和归还期限等因素进行分析,根据多种贷款分析结果,确定一个比较合理的贷款方案,这样才能提出贷款申请,签订借款合同。本节主要讨论在计算机环境中建立长期借款分析模型的技术和方法。

1)建立长期借款基本模型

在了解我国长期贷款的种类、程序、借款合同等基本内容之后,财务管理人员应用Excel提供的筹资函数和工具,建立长期借款分析模型,对贷款金额、贷款利率、贷款期限和归还期限等因素进行多种测算,在多种方案中选择一种比较合理的贷款方案。下面以建立分期偿还借款模型为例进行讨论。

(1)建立分期偿还借款基本模型工作表

创建一个新的工作簿,在工作簿中选择一个工作表,并将该工作表名称改为"借款模型"。在"借款模型"工作表上建立的分期偿还借款基本模型,如图6-10所示。

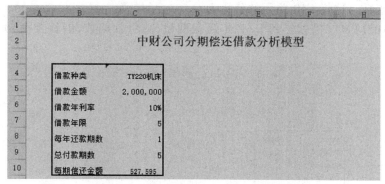

图6-10　分期偿还借款分析的基本模型

(2)定义各因素间的钩稽关系

①总付款期数。总付款期数等于借款年限与每年付款期数的乘积,即C9单元的公式为:

=借款年限×每年付款期数。如图6-11所示。

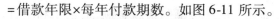

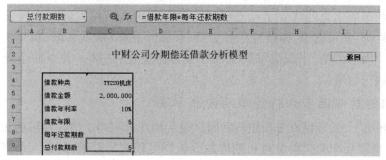

图6-11　C9单元的公式

②每年偿还金额。在付款期分期偿还的固定金额,财务管理中也称年金问题。若每

期偿还金额在期末发生,则属于后付年金。因此应用 Excel 提供的 PMT 函数,可以方便地完成每期偿还金额的计算。

每期偿还金额 C10 单元的公式为:

=PMT(借款年利率/每年还款期数,总付款期数,借款金额)。如图 6-12 所示。

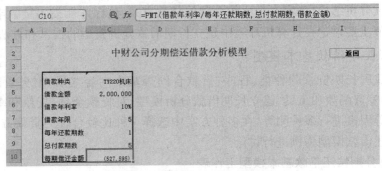

图 6-12　C10 单元 PMT 的公式

PMT 函数返回值为每期付款额,所以用负数表示。为使其值为正数,在公式中加入 ABS 绝对值函数。这样 C10 单元的公式为:

=ABS(PMT(借款年利率/每年还款期数,总付款期数,借款金额))。如图 6-13 所示。

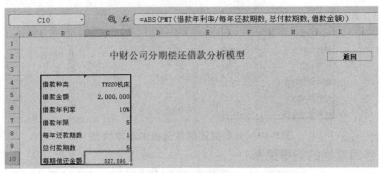

图 6-13　C10 单元 ABS 的公式

(3)分期偿还借款基本模型的使用

分期偿还借款模型建立之后,每期应偿还金额与借款金额、借款年利率、借款年限、每年还款期数等因素之间建立了动态链接。财务管理人员可以通过直接输入数据的方式改变 C5 到 C8 单元数值,即改变借款金额、借款年利率、借款年限、每年还款期数中任意一个或几个因素的值,来观察每期应偿还金额的变化,选择一种当前企业能力所及的固定偿还金额进行贷款。

2)长期借款双因素分析模型的设计方法

在现实环境下,长期借款分析中各种因素是会相互影响的。借款期限的长短可能影响其借款利率,借款利率的变动又对长期借款分析产生较大的影响,财务人员有时希望操纵两个因素,观察两个因素不同组合下的结果。如上所述,财务人员每次改变 C5 到 C8 单元中的两个,再将结果记录下来以辅助分析决策。但是这种方式既费时又缺乏效率。

Excel 提供了模拟运算表工具,财务管理人员通过使用该工具,能以表格方式显示出在两个因素不同值组合下的分析结果。

（1）模拟运算表

模拟数据表（table）工具是 Excel 提供的一种只需一步操作就能计算出所有变化的模拟分析工具,在工作表中输入公式,就可以利用模拟运算表工具进行"假设"分析,来查看公式中某些数值的改变对公式结果的影响。模拟运算表是一个单元区域,这些单元格显示的内容为多个不同数值代入一个或多个公式后的结果,是一组存放一个或多个公式中替换不同数据结果的单元区域。

①模拟运算表的功能。一是提供一种计算捷径,在一次操作过程中,完成多组不同数值的计算。二是提供一种显示和比较方式,在工作表上一起显示与比较多组不同数值的操作结果。

②模拟运算表的类型。

a. 单变量模拟运算表。用一个单输入表,并且观察对一个或多个公式的影响。

b. 双变量模拟运算表。用一个双输入表,并且观察对一个公式的影响。

③模拟运算表的使用。在【数据】功能区上选择【模拟运算表】命令。

（2）应用模拟运算表建立双变量长期借款分析模型

以"借款利率"和"总付款期数"因素的变化对"每期偿还金额"的影响为例,说明双因素长期借款分析模型的设计方法。

①设置双变量分析表。

a. 选择 LOAN 工作表。

b. 在 A 列输入各种可能的借款年利率。

c. 在 15 行输入各种可能的总付款期数。

d. 在行与列的交叉单元输入目标函数 PMT( ),即在 A15 单元键入公式:

=PMT（借款年利率/每年还款期数,总付款期数,借款金额）

设置一个双变量数据表,用 15 行的各种总付款期数替换第一个变量的值,即替换 C9 单元总付款期数的值,并且用 A 列的各种年利率替换第二个变量的值,即替换 C6 单元借款年利率的值,与此对应的每期偿还金额将放在第 15 行下面、A 列右方的单元区域中。如图 6-14 所示。

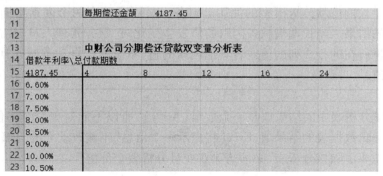

图 6-14　双变量分析表

②给双变量分析表填值。

a. 选择 A15：A23 单元区域。

b. 从【数据】功能区上选择【模拟运算表】命令。

c. 在"输入引用行的单元格"框中输入行因素,即输入"总付款期数",或者用粘贴名称的方法输入,即选择【插入】功能区【名称】命令下的【粘贴】,在"粘贴名称"框中选择"总付款期数"。

d. 在"输入引用列的单元格"框中输入列变量,即输入"借款年利率",或者用粘贴名称的方法输入,即选择【插入】功能区【名称】命令下的【粘贴】令,在"粘贴名称"框中选择"借款年利率"。

e. 选择【确定】按钮。

这时分析值自动填入双变量分析表中,长期借款双变量分析模型建立好了,如图6-15 所示。

	A	B	C	D	E	F
2		中财公司分期偿还借款分析模型				
3						
4		借款种类	工业贷款			
5		借款金额	15200			
6		借款年利率	0.08			
7		借款年限	2			
8		每年还款期数	2			
9		总付款期数	4			
10		每期偿还金额	4187.45			
11						
12						
13		中财公司分期偿还贷款双变量分析表				
14	借款年利率\总付款期数					
15	4187.45	4	8	12	16	24
16	6.60%	4,118.59	2,192.83	1,554.50	1,238.01	926.77
17	7.00%	4,138.22	2,211.25	1,672.96	1,256.81	946.55
18	7.50%	4,162.80	2,234.38	1,596.19	1,280.52	971.57
19	8.00%	4,187.45	2,257.62	1,619.59	1,304.46	996.92
20	8.50%	4,212.15	2,280.99	1,643.17	1,328.64	1,022.60
21	9.00%	4,236.90	2,304.47	1,666.93	1,353.03	1,048.60
22	10.00%	4,286.58	2,351.77	1,714.95	1,402.50	1,101.56
23	10.50%	4,311.50	2,375.60	1,739.21	1,427.57	1,128.50

图 6-15　双变量分析模型

③双变量长期借款分析模型的使用。财务人员可观察在两个因素不同组合下的长期借款分析的结果。当长期借款各因素的值发生变化时,财务管理人员只需改变第一变量或第二变量所在的行或列的值或者其他因素的值,系统就会自动重新计算双变量分析表中的所有值。

注意:

a. 双变量分析表中的结果值是一个数组(Array),所以不能对单个结果值进行编辑。如果你试图编辑数据表的结果值,Excel 将提示一个信息"不能改动表的一部分"。

b. 如果需要清除该分析表,必须清除双变量分析表全部值。

6.2　租赁筹资模型

租赁是指出租人在承租人给予一定报酬的条件下，在契约或合同规定的期限内，将财产租让给承租人使用，出租人主要是租赁公司，承租人主要是企事业单位。租赁活动在世界上由来已久，很多企业将租赁业务作为筹措长期资金的一项重要来源，其原因是企业在投资扩大生产经营业务时，可以不必由自己直接筹措大量的资金去购置所需的固定资产。通过租赁合同，企业只要支付租金就可以按计划使用急需的设备和其他设施，而不必立即支付购置设备或设施的全部价款。

6.2.1　控件工具的使用和设置

Excel 提供了开发工具，单击【文件】打开菜单右下方的【选项】，在选项中单击"自定义功能区"，在右边"主选项卡"中选择"开发工具"。"开发工具"将被启动并显示于主菜单中。【开发工具】包含【表单控件】和【ActiveX 控件】，工具中提供了多种图形控制项工具，单击这些工具，指定控制项的位置，便可以在模型中建立图形控制项按钮。如图 6-16 所示 Excel 选项。

图 6-16　Excel 选项

建立图形控制项按钮的方法：

- 从【开发工具】选项卡选择【插入】命令，如图 6-17 所示开发工具。
- 选择【表单控件】和【ActiveX 控件】工具栏上的控制项工具。
- 指定其在工作表中的位置并拖曳到需要的尺寸。

图 6-17　开发工具

（1）【组合框】窗体控件

在租赁项目名称处建立了【组合框】按钮，管理人员用鼠标驱动【组合框】按钮，租赁设备将显示在下拉框列表中，此时可以用鼠标选择列表中的设备，当选中某一设备时，单击鼠标左键，该设备名称、租金和支付方式将自动从租赁价目表中获取，并填入分析模型中，组合框控件如图 6-18 所示。

图 6-18　组合框窗体控件

（2）【滚动条】窗体控件

在租赁利率处建立一个【滚动条】按钮，财务管理人员用鼠标单击滚动条控制项按钮两端的箭头或滚动条，就可以在合理的范围中选择利率，滚动条控件如图 6-19 所示。

图 6-19　滚动条控件

（3）【数值调节钮】窗体控件

在租赁年限处建立【数值调节钮】按钮，财务管理人员可以用鼠标单击微调按钮的一端箭头，在合理的年限控制范围中选择所需的租赁年限，数值调节钮控件如图 6-20 所示。

图 6-20　数值调节钮窗体控件

有了图形接口模型后,财务管理人员只需在控制项上单击鼠标就可以在合理的范围中任意改变与租赁分析有关的因素,并立即得到相应每期应付租金的结果,再不必担心会向租赁分析模型中输入不合理的值,这正是图形接口模型的优点。通过上述讨论可以看到,在 Excel 工作表中,不需要编写任何程序就可建立图形接口,这将给财务管理人员设计各种分析模型带来便利。

6.2.2　租赁与借款筹资方案比较模型设计

1)设计租赁筹资摊销分析表

在租赁模型工作表中建立租赁筹资摊销分析表,如图 6-21 所示。

中财公司租赁分析模型

租赁项目名称	TY220机床(日本)
租金	2,100,000
支付租金方法	先付
每年付款次数	1
租赁年利率	10.00%
租赁年限	5
总付款次数	5
每期应付租金	503,613

返回

中财公司租赁摊销分析表

年	租金支付	税款节约额	租赁净现金流量	现值
0	503,613	125,903	377,710	377,710
1	503,613	125,903	377,710	351,358
2	503,613	125,903	377,710	326,845
3	503,613	125,903	377,710	304,042
4	503,613	125,903	377,710	282,829
5	-	-	-	
合计	2,518,067	629,517	1,888,550	1,642,784

所得税税率　25%

租赁成本总现值

图 6-21　租赁筹资摊销分析表

下面讨论表中各栏计算公式的定义。

①租金支付的计算公式。租金支付的计算仍可采用 IF( )、PMT( )等函数结合的公式来完成,其公式为:

=IF(支付租金方法="先付",IF(租赁年限>A16,ABS(PMT(租赁年利率/每年付款次数,总付款次数,租金,0,1)),0,IF(投资年限>=1,ABS(PMT(租赁年利率/每年付款次数,总付款次数,租金)),0))

在 B16 单元输入此公式后,用【复制】和【粘贴】命令或工具将该公式复制到 B17:B20 单元。

②税款节约额的计算公式。税款节约额的计算公式为:

=现金支付×所得税税率

本例中税后支付租金栏(C 栏)的计算公式为:

=Bi×所得税税率

C16 单元的计算公式为=B16×所得税税率

在 C16 单元输入此公式【复制】和【粘贴】命令或工具将该公式复制到 C17:C20 单元。

③租赁净现金流量计算公式。租赁净现金流量的计算公式为:

=租金支付-税款节约额

本例中租赁净现金流量栏(D 栏)的计算公式为:

=Bi-Ci

D16 单元的计算公式为=B16-C16

在 D16 单元输入此公式,用【复制】和【粘贴】命令或工具将该公式复制到 D17:D20 单元。

④现值计算公式。租赁净现金流量的现值计算是对各期的净现金流量按税后折现率计算其复利现值,其公式为:

=租赁净现金流量/(1+租赁年利率×(1-所得税税率))^租赁期数

本例中现值栏(E)的计算公式为:

=Di/(1+租赁年利率×(1-所得税税率))^Ai

E16 单元的计算公式为:

=D16/(1+租赁年利率×(1-所得税税率))^A16

在 E16 单元输入此公式,用【复制】和【粘贴】命令或工具将该公式复制到 E17:E20 单元。

⑤租赁成本总现值的计算公式。租赁成本总现值(E21 单元)的计算公式有两种:

一种是直接对各期的现值求和,其公式为:

=SUM(E16:E20)

另一种是直接用租赁净现金流量计算年金现值,因为每期的租赁净现金流量是相同的,所以计算出的年金现值为租赁成本总现值。Excel 提供了年金现值的函数 PV( ),用该函数可以方便地计算出年金现值。

租赁成本现值公式为:

=PV(租赁年利率/每年付款次数,总付款次数,-租赁净现金流量)或

=ABS(PV(租赁年利率/每年付款次数,总付款次数,-租赁净现金流量))

2)设计贷款筹资分期偿还分析表

在"借款模型"工作表中建立贷款筹资分期偿还分析表,如图 6-22 所示。

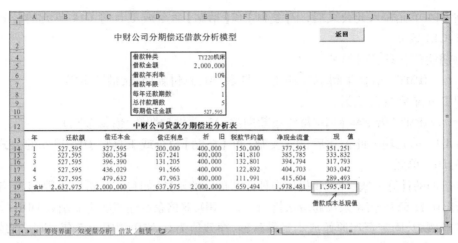

图 6-22　贷款筹资分期偿还分析表

贷款筹资分期偿还分析表中,最重要的除了每期固定偿还额的计算外,还包括每期所还的利息和本金、折旧的计算。

①还款额的计算公式。还款额是指每期固定偿还额,用 PMT( )函数可以完成还款额的计算,其计算公式为:

　　=ABS(PMT(借款年利率/每年还款期数,总付款期数,借款金额))

在 B14 单元输入此公式后,用【复制】和【粘贴】命令或工具将 B14 单元的公式复制到 B15:Bl8 单元。还款额栏的公式建立完毕。

②偿还本金和利息的计算公式。可以看出,随着期数的增加,偿还的本金和利息分别递增或递减,它们之间存在着以下钩稽关系:

前期期末余额＝本期期初余额

本期利息＝本期期初余额×利率

本期本金＝本期还款额-本期利息

本期期末余额＝本期期初余额-本期本金

本金和利息的计算要依赖于前期期末余额、本期期末余额等,如果在贷款筹资分期偿还分析表中将有关的项目都列出,则太烦琐了,Excel 提供了 IPMT 和 PPMT 函数. 可以用这两个函数方便地计算出表中的本金和利息。

由于 PMT 函数求得的每期固定支付额为本金加利息,所以 PMT,PPMT,IPMT 函数之间存在如下关系:

　　PMT( )＝IPMT( ) +PPMT( )

在本例中:每期偿还本金和每期偿还利息可以利用这两个函数计算完成。有关期数(per)参数则直接通过"年"列即第 A 列来处理。

每期偿还本金(C 栏)公式为:

　　=PPMT(借款年利率/每年还款期数,Ai,总付款期数,借款金额)

即 C14 单元的公式为:

　　=PPMT(借款年利率/每年还款期数,A14,总付款期数,借款金额)

在 C14 单元输入此公式后,用【复制】和【粘贴】命令或工具将 C14 单元的公式复制到 C15:C18 单元。

每期偿还利息(D 栏)公式为:

=IPMT(借款年利率/每年还款期数,Ai,总付款期数,借款金额)

即 D14 单元的公式为:

=IPMT(借款年利率/每年还款期数,Ai,总付款期数,借款金额)

在 D14 单元输入此公式后,用【复制】和【粘贴】命令或工具将 D14 单元的公式复制到 D15:D18 单元。

③折旧的计算公式。Excel 提供多种计算折旧的函数,如直线法折旧函数 SLN、年数总和法折旧函数 SYD、倍率余额递减法折旧函数 VBD、双倍余额递减法折旧函数 DDB 等。

在本例中,固定资产原始成本是借款额,净残值为 0,使用年限为 5 年,则按直线法计提折旧,折旧栏(E 栏)的计算公式为:

=SLN(借款金额,0,5)

④税款节约额的计算公式。折旧和借款利息都会净利的造成影响,从而会间接地产生抵税效果,因此在进行贷款筹资方案分析时,要考虑它们的影响。

税款节约额的计算公式为:

=(每期偿还利息+折旧额)×所得税税率

在本例中税款节约额(F 栏)的计算公式为:

=(Di+Ei)×所得税税率

F14 单元公式为:

=(D14+E14)×所得税税率

在 F14 单元输入此公式后,用【复制】和【粘贴】命令或工具将 F14 单元的公式复制到 F15:F18 单元。

⑤净现金流量的计算公式。净现金流量的计算公式为:

=偿还额-节约税负

在本例中税后现金流量(G 栏)的计算公式为:

=Bi-Fi

G14 单元计算公式为:

=B17-F14

在 G4 单元输入此公式后,用【复制】和【粘贴】命令或工具将 G14 单元的公式复制到 G15:G18 单元。

⑥净现金流量的现值计算公式。净现金流量的现值计算公式是对各期的净现金流量按税后折现率计算其复利现值,公式为:

=净现金流量/(1+借款年利率×(1-所得税税率)^借款期数)

本例中现值栏(H 栏)的计算公式为:

=Gi/(1+借款借年利率×(1-所得税税率))^Ai

H14 单元计算公式为:

=G14/（1+借款借失利率×（1-所得税税率））^A14

在 H14 单元输入此公式后,用【复制】和【粘贴】命令或工具将 H14 单元的公式复制到 H15:H18 单元。

⑦借款成本总现值的计算公式。借款成本总现值(I19 单元)的计算公式是对各期的税后现金流量的现值求和,其公式为:

=SUM(H14:H18)

3)应用模型对租赁筹资与借款筹资方案进行比较分析

建立租赁筹资与借款筹资方案的比较模型之后,便可以对两种筹资方式的多种方案进行分析了。

(1)将两种方案分别放置在两个窗口中

图 6-23(a)和图 6-23(b)为两种筹资方案的选择。

①从【视图】功能区中选择【新建窗口】命令,增开一个窗口。

②从【视图】功能区中选择【重排窗口】命令,选择【垂直并排】方式,两个窗口垂直并排显示在屏幕上。

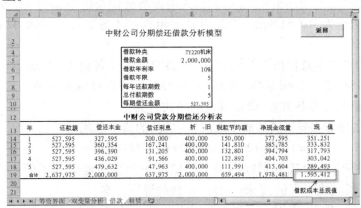

(a)两种筹资方案的选择-借款

(b)两种筹资方案的选择-租赁

图 6-23　两种筹资方案的选择

在借款分析模型中,在 C5 到 C8 单元中输入不同的值,贷款分期偿还分析表就会自动计算出不同的结果。按前面给出的举债筹资方案,现在在 C5 到 C8 单元依次输入:借款金额 2 000 000 元;借款年利率 10%;借款年限 5;每年还款期数 1。分析表则立即计算出每期偿还金额、借款购买设备的成本现值等数据。

在租赁分析模型中,通过改变租赁模型中的各种控制项,便可选择不同的租赁项目及相关数据,对应不同的选择,租赁摊销分析表就会自动计算出不同结果。按前面给出的租赁筹资方案,现需要承租 TY220 机床。用鼠标单击打开【组合框】控件,此时租赁公司提供的各种设备显示在【组合框】控件中,其中 TY220 设备存在多个国家(美国、德国、日本等)生产的可选项,从中选择要租赁的设备 TY220(日本)机床后,便自动从租赁价目表中取到租金(2 100 000 元)及支付租金的方法(先付);用鼠标单击【滚动条】控件,直到租赁年利率为 10%;用鼠标驱动【数值调节钮】控件,直到租赁年限为 5。分析表则立即计算出每期应支付的余额、租赁成本现值等数据。

(2)分析对比

现对结果进行对比分析,两种筹资方案如图 6-23(a)和图 6-23(b)所示。

①对比分析"每期偿还金额"。借款购入的设备分期偿还金额为 527 595 元;租赁此设备每期应付租金为 503 613 元。借款方式比租赁方式每期要多付款,只看此结果似乎应该选租赁方案。

②对比分析"成本总现值"。借款购买设备的成本总现值为 1 454 399 元,租赁的成本总现值是 1 488 120 元,根据净现值的基本原理,应该选择成本现值小的方案。因此我们应该选择借款购买设备方案,借款筹资的净收益为:

借款筹资的净收益=租赁的成本总现值-借款的成本总现值
=1 488 120-1 454 399=13 721(元)

当借款条件不变时,我们可以在租赁模型中非常方便地选择不同生产厂家提供的 TY220 机床,分析其成本现值,选择一种最合理的筹资方案。

当借款条件变化时,我们也可以在借款分析模型中改变相应的条件,然后再回到租赁模型中选择不同生产厂家的设备,经过对比分析,又可选择最合理的筹资方案。

因此,有了租赁分析模型和借款分析模型,财务管理人员就可以非常方便地对多种方案进行比较,最后选择成本现值较小的方案,很多分析家认为,筹资分析尤其适合在计算机上进行,无论承租人、出租人,还是借款人、贷款人,都应建立相应的计算机分析模型,当谈判进行的时候,在计算机上分析特别有效。

第7章 流动资金管理模型

流动资金是指投放在流动资产上的资金。流动资金的主要项目是现金、应收账款和存货,它们占用了绝大部分的流动资金。作为一种投资,流动资金是一个不断投入、不断收回,并不断再投入的循环过程,没有终止的日期。这就使财务管理人员难以直接评价其投资的报酬率。因此,流动资金投资评价的基本方法是以最低的成本满足生产经营周转的需要。本章主要讨论应收账款赊销策略模型、现金管理模型、存货管理模型的设计方法;详细介绍利用 Excel 提供的"规划求解"工具,以及应用"规划求解"工具进行最佳现金持有量、最优订货批量决策分析的方法。

7.1 简单流动资金管理模型概述

流动资金不仅是应付企业日常流动负债的资源(如企业必须使用现金、银行存款来偿还日常应收账款、应收票据等),更是企业减少财务管理中的费用的入手点(如日本企业提出的"零存货"管理模式,即说明了企业从流动资产入手减少管理成本的思想),并且其流动性强,是企业降低风险的最有效的工具,但同时也带来了管理上的一定困难。企业面对市场竞争日益激烈的环境,必须加强对流动资金的管理。在过去手工环境下,企业往往忽视流动资金的管理,很多企业根本没有建立起自己的流动资金管理模型,光凭经验办事,如对现金持有量的把握上,凭经验"应该这么多",或者有更甚者"有多少算多少",毫无依据。而在计算机环境下,流动资金管理模型的建立无疑可以改善这种现状。另外,流动资金管理模型的建立还扩大了对流动资金的管理,使过去在手工条件下难以实现的多品种存货管理成为可能。

企业通过建立应收账款赊销策略模型,可以制订出合理的赊销策略,合理保证应收账款的风险水平,更好地管理好应收账款;通过建立现金管理模型,可以合理保证企业现金持有量既不过多,又不至于因过少而造成风险水平过高的危险;通过存货管理模型的建立,使存货管理超越手工管理的限制,更科学地制订出管理策略。

7.1.1　线性规划理论

线性规划(Linear programming,简称 LP),是运筹学中研究较早、发展较快、应用广泛、方法较成熟的一个重要分支,它是辅助人们进行科学管理的一种数学方法,也是研究线性约束条件下线性目标函数的极值问题的数学理论和方法。

线性规划广泛应用于军事作战、经济分析、经营管理和工程技术等方面。为合理地利用有限的人力、物力、财力等资源做出最优决策,提供科学的依据。

1)一般步骤

①建立数学模型。
②绘制约束条件不等式图,做出可行解集对应的可行解域。
③画目标函数图。
④判断解的形式,得出结论。

求解的思路是:先将约束条件加以图解,求得满足约束条件的解的集合(即可行域),然后结合目标函数的要求从可行域中找出最优解。

2)具体应用

在企业的各项管理活动中,例如计划、生产、运输、技术等,线性规划是指从各种限制条件的组合中,选择出最为合理的计算方法,建立线性规划模型从而求得最佳结果。

7.1.2　最优决策分析工具——规划求解

1)规划求解工具的使用

在工作表投资决策模型中,当希望调整几个单元格内的数据,能求得某个特殊单元格的最佳值,或者对涉及这些计算的数值加上一些特殊限制的时候,就可以使用规划求解工具来标识目标单元格、可变单元格以及在分析中所使用的约束条件,定义需要规划求解的问题。通过"规划求解",可以为工作目标单元格中的公式找到一个优化值。"规划求解"将对直接或间接与目标单元格公式相联系的一组单元格中的数值进行调整,最终在目标单元格公式中求得期望的结果。这些在求解过程中可以修改其中数值的指定单元格称为"可变单元格"。在创建模型过程中,可以对"规划求解"模型中的可变单元格数值应用约束条件,而且约束条件可以引用其他影响目标单元格公式的单元格。定义了问题并启动求解过程之后,规划求解便会求得符合约束条件的值,并产生目标单元格期望的数值,然后规划求解工具将产生的结果显示在工作表中,使用规划求解工具只需从【数据】功能区中选择"规划求解"对话框。

在这里必须指出,只有通过"自定义安装"方式将 Excel 完全安装,【数据】功能区才有【规划求解】命令,在"加载宏"列表中才会有【规划求解】选项。

在使用"规划求解"前,必须先建立"规划求解"。具体步骤如下:

单击【文件】,打开处于下方的【选项】,然后选择"加载项",如图 7-1 所示。

图 7-1　打开加载项

在"加载项"中单击"转到（G）…"，则出现【加载宏】对话框，选择"规划求解加载项"。最后点击【确定】，如图 7-2 所示。

此时在【数据】选项卡下便出现了【规划求解】功能，如图 7-3 所示。

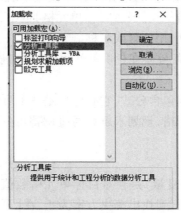

图 7-2　加载宏界面

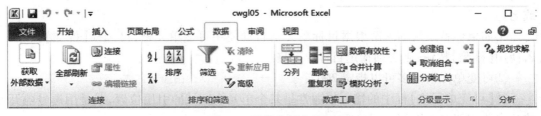

图 7-3　数据选项卡界面

使用规划求解工具只需从【数据】选项卡下选择【规划求解】按钮，便出现【规划求解】对话框，如图 7-4 所示。

图7-4 规划求解对话框

(1)【目标单元格】

目标单元格(也称目标或目标函数)是工作表模型中的一个你希望设置为最大值、最小值或设置成特定值的单元格。在【设置目标单元格】框中,输入你希望将其设置成最大值、最小值或设置成特定值的引用位置或名称。

①目标单元格中应该含有与你在【可变单元格】框中所指定的可变单元格有关的公式。

②如果目标单元格中并未包含公式,它必定也是一个可变单元格。

③如果没有指定目标单元格,规划求解会通过调整可变单元格的值来符合所有约束条件。

(2)【可变单元格】

【可变单元格】(也称决策变量)是会对目标单元格数值产生影响的单元格。规划求解可调整可变单元格的数值,直到找出解决方案为止,在【可变单元格】框中,输入在问题的约束条件被满足及目标单元格达到目的之前,规划求解可以改变的单元格的引用位置或名称。

①如果你希望规划求解根据目标单元格自动使用可变单元格,可选择【推测】按钮,若使用【推测】按钮,则必须指定目标单元格。

②可变单元格最多可以指定200个。

③【可变单元格】框中的输入项通常是某个单元格区域的引用位置,或是用逗号隔开的几个非相邻单元格的引用位置。

④如果可变单元格中含有公式,当你选择保存解决方案时,规划求解会用常数代替公式。

（3）【约束】

【约束】即约束条件，是必须符合某些限制或目标值的单元格数值。约束条件可以用在目标单元格和可变单元格上。使用规划求解对话框中的【添加】、【改变】和【删除】按钮，可以增加、改变、删除约束框中的一系列约束条件。如果选择【添加】将产生如图7-5所示的对话框。

图 7-5　添加约束对话框

①约束条件中可以指定模型中任意单元格（包括目标单元格和可变单元格）的上下界。

②【单元格引用】框中所引用到的单元格，通常含有与一个或多个可变单元格直接或间接相关的公式。

③当使用"int"运算符时，表示有约束条件约束的数值只能是整型。使用整型约束条件时，可以使用【规划求解】选项对话框中的【允许误差】设置，调整可允许的误差范围。

④只有可变单元格才可以限制为整型。

⑤对于每一个问题，都可以为每个可变单元格指定两个约束条件（上界和下界），外加最多200个约束条件。

（4）【选项】

【选项】允许你控制求解过程的高级特性并加载或保存工作表上一个特殊问题的选择；可以为线性问题和非线性问题之间的差异定义参数。【选项】对话框如图7-6所示。

图 7-6　选项对话框

①【最长运算时间】。限制求解过程花费的时间,其值必须是正整数。对大多数问题来说,默认值为 100 秒。

②【迭代次数】。通过限制间隙计算的次数来限制求解过程花费的时间,其值必须是正整数。

③【精度】。控制规划求解找到的答案的精度。在【精度】框中输入以下的数:

用来决定约束值是否满足目标或满足你所指定的上、下界;

必须是一个在 0 和 1 之间(不包括 0 和 1)的小数;

默认值为 0.000 001。

④【允许误差】。表示当一个整数约束条件被用于问题的任何一个定义元素时,规划求解所允许的误差百分比。当没有整数约束条件时,【允许误差】设置无效。

⑤【收敛度】。在此输入收敛度数值,当最近 5 次迭代后,目标单元格中数值的变化小于收敛度编辑框中设置的数值时,"规划求解"停止运行。收敛度只应用于非线性规划问题,并且必须由一个在 0 和 1 之间的小数表示。设置的数值越小,收敛度就越高。例如,0.000 1 表示比 0.01 更小的相对差别。收敛度越小,"规划求解"得到结果所需的时间就越长。

⑥【采用线性模型】。当模型中的所有关系为线性时,可以选择该选项。采用线性模型能够提高计算速度。

⑦【显示迭代结果】。选择此选项后,在每次迭代后中断规划求解,显示迭代结果。

⑧【自动按比例缩放】。当输入【可变定义格】、输出【设置目标单元格】和【限制】在数量上有较大差别时,选择此选择框。

⑨【假定非负】。对于在"添加约束"对话框的"约束值"编辑框中没有设置下限的可变单元格,假定其下限为 0。

⑩【估值】。该选项是一种在每次一维搜索中用来获取基本数量初始估计值的方法。包括:

正切函数:使用正切向量进行线性外推;

二次方程:使用二次方程外推,对于高度非线性问题,这可以改善结果。

⑪【导数/偏导数】。该选项为目标函数和约束条件函数偏导数的估计指定前向差分或中心差分。这两个选项的一个不同点是它们对图形表示不光滑和不连续的函数进行什么操作。

前向差分:为默认值;

中心差分:需要更多的计算,但是它可以提高规划求解结果的质量。

⑫【搜索】。该选项决定在每次迭代时使用什么搜索算法来确定搜索方向。

牛顿法:一般比"共轭法"搜索需要更多的内存,但需要的迭代运算次数较少;

共轭法:比"牛顿法"搜索需要的内存少,但为达到一个特定的精度,通常需要更多的迭代运算次数。

以上讨论的【估值】等选项中的数学方法,适用于大部分问题,它们是由在数学规划方法上有经验的人设计的。如果求最佳方案时遇到困难,可以试着使用这些选项,以得到最佳的结果。

（5）【全部重新设置】

选择【全部重新设置】按钮，清除当前规划求解问题设置，并重新设置全部选项为默认值。

（6）【求解】

选择【求解】按钮便开始规划求解过程。

2）规划求解可以分析的问题类型

规划求解工具能分析三类优化问题：线性问题、非线性问题、整型问题。

（1）线性问题

线性的优化问题，反映出工作表公式所体现的问题的各元素之间的相互关系是线性的。如果需要解决的问题是线性规划问题或线性方程组和不等式，则可以选定【规划求解】选项对话框中的【采用线性模型】选择框，以加快求解的速度。工作表很大，并且需要很长的时间重新计算时，这种做法显得格外重要。

大部分优化问题都涉及变量之间的线性关系，线性问题包含使用简单算术操作的问题，如加法和减法；内部函数（线性），如 SUM 等。

（2）非线性问题

非线性的优化问题，反映出工作表公式所体现的问题的各元素之间的相互关系是非线性的。如果需要解决的问题是非线性规划问题，则不能选定【规划求解】选项对话框中的【采用线性模型】选择框。当一个或多个元素之间成非比例关系时，便是非线性问题。非线性问题发生的情况可能是：

①部分可变单元格两两相除或相乘。

②问题中使用了指数。

③使用了内部函数（非线性），如 GROWTH 和对数指数。

（3）整型问题

使用规划求解将整型约束条件应用到问题的任何元素上，便可以产生整型的规划求解问题。当问题中所使用的数值或其结果必须为"是"或"否"（1 或 0），或不需要小数位数时，就可以使用整型约束条件。使用整型规划方法大大增加规划求解方案时所花费的时间。

3）处理规划求解所得到的结果

当求解问题的过程结束时，出现一个对话框，如图 7-7 所示。

有 3 种选择：

一是将规划求解所找到的解决方案保存起来，或恢复工作表中原来的数值。

二是使用【保存方案】按钮将解决方案保存到一个已命名的方案中。

三是显示任何规划求解的内部报告。

Excel 规划求解总结成功解决问题的结果，并可以将其建立三种汇总报告（即敏感性分析报告、运算结果报告、限制区域报告）保存在当前的工作表中。如果打印报告，只要切换到包含该报告的工作表，然后选择【文件】菜单的【打印】命令。

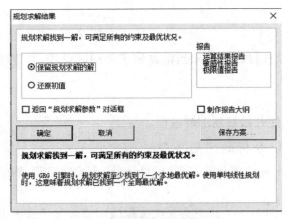

图 7-7　规划求解对话框

（1）敏感性分析报告

敏感性分析报告包括的信息，展示了解决方案对问题所使用公式的变化的敏感程度。这个报告有两种版本，由【规划求解】选项对话框中的【采用线性模型】选项是否被选中而定。

①线性问题的敏感性分析报告。线性敏感性分析报告为单元格增加了以下信息：

a.递减成本代替递减梯度，用于衡量可变单元格每增加一个单位时目标单元格的增加量。

b.目标系数衡量可变单元格和目标单元格（目标两数）之间的相对关系。

c.允许的递增量，在任何可变单元格的最佳数值增加之前，先显示目标系数的变化量。

d.允许的递减量，在任何可变单元格的最佳数值减少之前，先显示目标系数的变化量。

为每一个约束条件单元格增加了以下信息：

a.影子价格，代替拉格朗日乘数，用于衡量约束条件方程式在正确方向上每增加一个单位时目标单元格的增加量。

b.约束条件右侧限制值，列出你指定的约束条件数值。

c.允许的递增量，在任何可变单元格的最佳值增加之前，先显示约束条件右边的变化量。

d.允许的递减量，在任何变化量单元格的最小值减少之前，先显示约束条件右边的变化量。

②非线性的敏感性分析报告，主要包括以下信息：

a.递减梯度衡量可变单元格每增加一个单位时，目标单元格的增加量。

b.拉格朗日乘数，衡量约束条件每增加一单位时，目标单元格的增加量。

（2）运算结果报告

这份报告显示：

①目标单元格的初值（原值）和终值（求解值）。

②可变单元格的初值和终值。

③约束条件及相关信息,与约束条件相关的信息出现在状态栏和松弛变量栏中。这些栏会告诉你每一个约束条件被满足的程度。

(3)限制区域报告

这份报告列出目标单元格的结果和可变单元格的上、下界。

①下限极限。当其他可变单元格固定,并且满足约束条件时,某个可变单元格的最小值。

②上限极限。当其他可变单元格固定,并且满足约束条件时,某个可变单元格的最大值。

③目标式结果。当可变单元格位于上、下界时,目标单元格的值。

规划求解工具是 Excel 为财务管型人员提供的一个非常有用的分析工具,它不仅可以帮助财务管理人员解决流动资金的投放与管理问题,还可以分析和解决很多最优决策问题,如获取最大利润条件下的产品分配方案、最低成本的人员安排、最优投资组合等。

7.2 流动资金管理模型设计

7.2.1 应收账款赊销策略分析模型

1)应收账款的赊销策略与增量分析

应收账款是指企业因对外销售产品、材料、提供劳务及其他原因,应向购货单位或接受劳务的单位及其他单位收取的款项,包括应收账款、其他应收款、应收票据等。

(1)赊销策略

企业利润的主要来源在于销售。在一定条件下,销售量越大,利润也越多。影响企业销售量大小的因素既有外部的,也有内部的,或者说既是客观不可控的,也是主观可控的。企业对商业的赊销策略就是影响企业销售量的一种可控因素。赊销策略有四个基本因素:

①信用期间。客户从购货到必须付款之间的时间,或者说是企业给予顾客的付款期间。例如,若企业允许客户在购货后 50 天内付款,则信用期间为 50 天。信用期的确定,主要是分析改变现行信用期间收入和成本的影响。延长信用期,会使销售额增加,产生有利的影响;与此同时应收账款、收账费用的坏账损失将增加,产生不利的影响,当前者大于后者时,可以延长信用期;否则不宜延长。

②信用标准。同意向客户提供商业信用而提出的基本要求。通常以预期的坏账损失率作为判断标准。如果企业的信用标准较严,只对信用很好、坏账损失率低的客户给予赊销,会减少坏账损失,减少应收账款的机会成本,但这可能不利于扩大销售量,甚至会使销售量减少;反之,如果企业的信用标准较宽,虽然会增加销售额,但会相应增加坏账损失和应收账款的机会成本。企业应根据具体情况进行权衡。

③现金折扣。客户及时付款时所给予的优惠折扣,例如,10 天内付款给予折扣 2% ,

10 天后付款,不享受任何折扣,30 天则是付款的最后期限。其表达方式为:(2/10,n/30)现金折扣缩短企业的平均收款期,并招揽一些视折扣为减价出售的顾客前来购货,借此扩大销售量,但它也会增加成本,即价格折扣成本。当企业给予顾客某种现金折扣时,应当考虑折扣所能带来的收益与成本孰高孰低,权衡利弊,择优决策。

④收账方法。以什么手段和花费多大代价去收账款。催收账款要发生费用,但一般说来,收账的花费越大,收账措施越有利,可收回的账款就越大,坏账损失就越小。因此,制定收账政策,要在收账政策所花费的成本和所减少的坏账损失之间做出权衡。

(2)增量分析

赊销策略中每一种因素发生变化都会影响到企业的利益。探讨不同的赊销策略方案可能产生的财务效果,应首先测定每种因素的变化同经济效益变化之间的关系。在制定赊销策略时,将各种相关因素予以一定程度的放宽或收紧,然后考虑企业销售收入和成本的相应变化,这种方法称为增量分析。增量分析的结果为正,则方案可行。增量分析的基本公式为:

①信用标准变化对利润的影响 ΔP。

ΔP＝新方案销售额增减量×销售利润率

②信用期间变化对利润的影响 ΔI。

ΔI＝((新方案平均收账期−原方案平均收账期)/360×原方案销售额+新方案平均收账期/360×新方案销售额)×应收账款机会成本

③信用标准变化对坏账损失的影响 ΔK。

ΔK＝新方案销售额增减量×新方案增加销售额的坏账损失率

④现金折扣变化情况 ΔD。

ΔD＝(原方案销售额+新方案销售额)×D×新方案的现金折扣率

⑤赊销策略变化带来的净损益 P_m。

P_m＝ΔP−ΔI−ΔK−ΔD

2)应收账款赊销策略分析模型设计实例

赊销策略中的每一种因素发生变化都会影响到企业的利益。因此,计算机应收账款赊销策略分析模型对探讨每一种赊销策略方案所可能产生的财务效果,以及采用何种赊销策略都会有很大的帮助。建立一个新的工作簿,然后选择其中的一张工作表,并改名为"赊销分析模型"。

(1)建立应收账款赊销策略基本数据区

根据企业的分析要求,在"赊销分析"工作表中建立应收账款赊销策略基本数据区,财务管理人员可以根据具体情况,将数据输入基本数据区。

(2)建立分析区

在分析区中主要定义收益的增加公式、成本增加公式、净损益公式。由于每种方案的公式一样,只是公式中各要素的值不同,因此,可以先定义一个方案的各个公式,然后,用【复制】和【粘贴】命令或工具,完成各方案公式的建立。

• 建立方案 A 的公式,如图 7-8 所示。

- 选择 C17:C21 单元区域。
- 选择【复制】工具。
- 选择 D17:E21 单元区域。
- 选择【粘贴】工具,其他方案的公式建立完成。

分析区

项目	方案A	方案B
信用标准变化对利润的影响	4000	6000
信用期间变化对应收帐款机会成本的影响	1125	-792
平均坏帐损失率变化对坏帐成本的影响	0	1300
现金折扣成本的变化情况	2200	3000
信用政策变化带来的净收益	675	2492

图 7-8　建立方案 A 的公式

3）应收账款赊销策略分析模型的使用

当模型建立后,财务管理人员可以根据具体情况在基本数据区输入不同的数据,分析区将自动产生分析结果。财务人员还可以改变赊销策略中的每一种因素,其分析结果将自动产生。比较分析结果,财务管理人员便可选择最优方案。

有了应收账款赊销策略分析模型,并不等于财务管理人员无事可做,而是应该把更多的时间用在研究赊销策略的每种因素上,尽可能制定出最合适的赊销策略。

7.2.2　最佳现金余额分析模型

企业既不能保留很多的货币资金,又不能一点都没有。到底保留多少现金余额才合适?这是现金管理的一个核心问题。企业财务管理部门通常应该根据自身特点确定一个合适的现金余额目标,使现金持有量达到最佳状态。本节讨论如何建立最佳现金持有量模型,并应用"规划求解工具"进行分析的方法。

1）确定最佳现金持有量的理论方法

确定最佳现金持有量的理论方法很多,如巴摩尔模型（The Baumol model）、密勒-奥尔模型（The Miller Orr model）、成本分析模型等。这里仅介绍巴摩尔模型,并通过对此理论的讨论,为建立计算机最佳现金持有量奠定理论基础。

巴摩尔模型理论的依据是把持有的有价证券同货币资金的库存联系起来观察,比较现金储存的成本和买卖有价证券的固定成本,以求得两者成本之和最低时的现金余额。

按巴摩尔模型确定最佳现金余额,要建立在这样一些条件上:

①企业一定时期内货币现金支出和收入的变化是周期性均衡发展的,其现金余额也定期地由最低时的零到最高时的 C 变化,其平均现金余额为 $C/2$。

②当现金余额趋于零时,企业靠出售有价证券或借款来补充库存现金。

不管是保留现金或出售有价证券都要付出一定代价。保留现金意味着放弃了由有价证券带来利息的机会,出售和购进有价证券又意味着要花费证券交易的成本。保持现金余额越多,损失的机会成本越大,而证券交易买卖的次数越少,买卖交易的成本则越低。

现金余额总成本公式为:

总成本=持有现金成本+证券(借债)交易成本

　　　=现金平均余额×有价证券利率+变现次数×有价证券每次交易的固定成本

$$=\frac{C}{2}\times r+\frac{T}{C}\times b$$

C:现金余额;

r:持有现金而损失的机会成本(等于该时期证券或借款利率);

T:每个转换周期中的现金总需要量;

b:每次周期交易或借款所需的固定成本费用。

现金余额总成本的构成清楚了,最佳现金余额就应该是总成本最低时的持有量 C^* 。

对上式求导并令其等于零,得最佳现金持有量 C^* 的公式为:

$$C^*=\sqrt{\frac{2bT}{r}}$$

2)计算最佳现金持有量模型设计

在工作簿中,选择一新的工作表,将其名称改为"现金持有量",以巴摩尔模型理论为依据,在该工作表中建立的最佳现金持有量模型。如图7-9所示。

(1)基本数据

在基本数据区域可以输入有关要素的值。模型中对基本数据所在单元定义名称。

(2)最佳现金持有量分析表

在最佳现金持有量分析表中的钩稽关系如下:

第11行"持有成本"的公式=现金余额/2×r

第12行"交易成本"的公式=T/现金余额×b

第13行"总成本"的公式=持有成本+交易成本

当在基本数据区输入数据后,最佳现金持有量分析表中的值将自动计算出来。

从分析表中,我们可以粗略观察到,现金余额为35 000元时,总成本最低,即该现金余额为最佳现金持有量。

最佳现金持有量分析表

现金余额	30000	35000	38000	42000	50000	55000	5000
持有成本	2250	2625	2850	3150	3750	4125	375
交易成本	3000	2571	2368	2143	1800	1636	18000
总成本	5250	5196	5218	5293	5550	5761	18375

图7-9　最佳现金持有量分析表

(3)最佳现金持有量分析图

根据最佳现金持有量分析表中的数据绘制出相应的分析图。如图7-10所示。

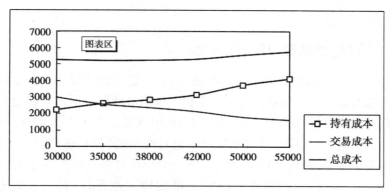

图 7-10　最佳现金持有量分析图

从最佳现金持有量分析图中可以粗略观察到,现金余额为 35 000 元时,总成本最低,即该现金余额为最佳现金持有量。

分析图、分析表都只能比较粗略地分析出最佳现金持有量。如果建立最佳现金持有量规划求解分析区,应用规划求解工具,便可求出精确的最佳现金持有量。

3）应用"规划求解"工具求出最佳现金持有量

（1）最佳现金持有量规划求解区域公式定义

最佳现金持有量规划求解分析区域中,总成本单元定义了公式:

　　=最佳现金余额/2×r+T/最佳现金余额×b

（2）规划求解工具的使用

①在【数据】功能区中选择【规划求解】命令,便出现规划求解对话框。

②在【目标单元格】输入"总成本"或"E6"。

③在等于选项中选择"最小值"。

④在【可变单元格】输入"最佳现金余额"或"E5"。

⑤选择【添加】按钮,增加约束条件"现金余额>= 30 000"。

假设企业要求最低现金持有量为 30 000 元。

⑥选择【规划求解】选项按钮,将【采用线性模型】选择设置为"不选"（因为这是非线性问题）。

⑦选择【求解】按钮,经过一段时间的自动计算求解,将最佳现金持有量的结果显示在 E5 单元,这样就得到精确的结果。如图 7-11 所示。

最佳现金持有量模型

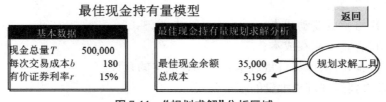

图 7-11　"规划求解"分析区域

在最佳现金持有量模型中,按照现金余额总成本公式建立了总成本与各要素的链接,并根据数据绘制出分析图,图与数据也建立了动态链接。对于不同企业或不同时期,通过改变各要素的值,恢复得到相对的最佳现金持有量,用规划求解,只能够求出精确的最佳现金持有量。

7.2.3 经济订货批量决策分析模型

为了保证企业生产、销售的持续和正常进行,在一定时期内保持一定数量的存货,对任何一个企业都是必需的。但是存货资金在企业全部流动资金中占有相当大的比重,存货的取得、保管又需要付出成本,日本企业曾经提出"零库存"的口号,但这并不意味着在生产过程中一点存货都没有,而是对存货水平进行恰当的控制,在保证生产经营活动顺利进行的前提下,尽可能降低存货,因此,任何一个企业对存货库存水平的确定,其目标并不是"零"而是"最优"。怎样才能确定最优的库存水平,一种比较普遍的应用方法——经济订货批量可以帮助我们解决这个问题。本节讨论如何建立最优订货批量模型,并应用"规划求解工具"进行分析。

1) 经济订货基本原理

经济订货批量方法的基本原理还是借助于各类物资库存成本的不同特点,寻求它们之间的变化规律,找出一个总存货最低时的库存水平(存货数量)。

(1) 经济订货批量基本模型

经济批量数学模型建立之前,需要一定的假设条件:

①存货的年需要量和日消耗量是均衡的。

②从存货到货物到达所间隔的时间是固定的。

③不考虑数量折扣。

④不会发生缺货。

所谓订货批量(Q)是指每次订货的数量,在某项存货年需要量既定的前提下,降低订货批量,一方面可以使存货的储存成本(指变动储存成本,下同)随着平均储存量的下降而下降(因为平均储存量相当于订货批量的一半);另一方面却使订货成本(变动订货成本,下同)随着订货数量的增加而增加。反之,减少订货批量以降低订货成本,又会使储存成本增加。决策分析的目的就是要找出使两种成本合计数最低的订货批量,即经济订货批量。

设:D:某存货的全年需要量

Q:订货批量;

D/Q:订货次数;

K:每次订货的变动成本;

C:单位存货年储存成本;

T:年成本合计,即年订货成本和年储存成本的合计。

这样可以得到经济订货批量的基本公式。

年成本合计可由下式计算:

T = 储存成本 + 订货成本

$$= \frac{Q}{2} \times C + \frac{D}{Q} \times K$$

（2）经济订货批量的改进模型——陆续到货

经济订货批量的基本公式是在前面的假设条件下建立的，但是现实生活中能够满足这些条件的情况很少，为使模型更接近于实际情况，应该放宽条件，改进模型。

我们考虑到存货不能一次到达，各批存货可能陆续入库，使存货陆续增加，在这种情况下，对基本模型做一些修改。

设：P：每日送货量；

　　Q/P：每批存货全部送达所需日数；

　　d：每日消耗量；

　　$Q/P×d$：送货期内全部耗用量。

由于存货边送边用，所以每批送完时，最高库存量为 $Q-\dfrac{Q}{P}×d$，平均存量为 $\left(Q-\dfrac{Q}{P}*d\right)÷2$。因此基本模型被扩充为：

T ＝储存成本＋订货成本

$$=\frac{1}{2}×\left(Q-\frac{Q}{P}×d\right)×C+\frac{D}{Q}×K$$

最优订货批量 Q^*，即 T 总成本最低时的订货批量 Q。

每年最佳订货次数 $N^*=D/Q^*$

最佳订货周期 $t^*=1$ 年$/N^*$

经济订货量占用资金 $I^*=(Q^*/2)×$单价

（3）考虑数量折扣、陆续到货的经济订货批量模型

数量折扣是指供应商对于一次购买某货品数量达到或超过规定限度的客户，在价格上给予优待。在经济订货批量基本模型的基础上，考虑到存货不能一次到达，各批存货可能陆续入库，对基本模型进行一些修改，使其进一步完善，但是还没有考虑有数量折扣的情况，即是以采购价格不随定购批量的变动而变动的假设条件为前提的。因此，决策模型中只有订货成本和储存成本两项。如果供应商实行数量折扣，那么，除了订货成本和储存成本之外，采购成本也成了决策中的相关成本。这时，这三种成本的年成本合计最低的方案才是最优方案。

考虑数量折扣、陆续到货等条件的经济订货批量模型为：

T ＝储存成本＋订货成本＋采购成本

$$=\frac{1}{2}\left(Q-\frac{Q}{P}×D\right)×C+\frac{D}{Q}×K+D×U×(1-d_i)$$

式中，U 为采购单价；d_i 为数量折扣。

在实际工作中，企业应结合具体情况，不断完善模型。这里我们就不进一步讨论数学模型的建立，而是把重点放在订货批量数学模型上，建立计算机最优订货批量模型的方法。

2）计算机最优订货批量模型设计

在 Excel 工作簿中选择一新的工作表，并将其名称改为"最优订货"。以考虑存货陆

续供应和数量折扣的经济订货批量数学模型为依据,在"最优订货"工作表中建立最优订货批量模型。

(1)基本数据

模型中假设 BB 企业有四种存货需要采购,并且供应商也规定数量折扣。由此,在基本数据区域给出了模型所需的基本数据输入区,基本数据包括每种存货的要素:

存货名称	B3:E3 单元区域
全年需要量 D	B4:E4 单元区域
一次订货 K	B5:E5 单元区域
单位储存成本 C	B6:E6 单元区域
每日送货量 P	B7:E7 单元区域
每日消耗量 d	B8:E8 单元区域
数量折扣 d_i	B9:R9 单元区域
单价 U	B10:E10 单元区域

并用【插入】功能区【名称】命令对模型中基本数据所在单元定义名称。

(2)最优订货批量规划求解分析区域的公式定义

在最优订货批量规划求解分析区定义存货的采购成本、订货成本、存货成本和总成本公式的公式:

采购成本公式 $=D \times U \times (1-d_i)$

订货成本公式 $=D/Q \times K$

储存成本公式 $=(Q-Q/P \times d)/2$

每种存货的总成本 = 采购成本+订货成本+储存成本

每年最佳订货次数公式 $=D/Q^*$

最佳订货周期公式 $=1$ 年 $/N^*$

用【复制】和【粘贴】将公式复制到每种存货分析区域。如图 7-12 所示。

四种存货总成本或综合成本 C21 单元的公式为

=甲存货总成本+乙存货总成本+丙存货总成本+丁存货总成本

最优订货批量决策模型

企业存货基本数据				
存货名称	甲材料	乙材料	丙材料	丁材料
材料年需要量D	18000	20000	30000	25000
一次订货成本K	25	25	25	25
单位储存成本C	2	3	4	3
每日送化量P	100	200	300	250
每日耗用量d	20	30	40	25
数量折扣d_i	2%	2%	2%	2%
单价U	10	20	30	25

图 7-12　最优订货批量规划求解分析

3）应用"规划求解"工具分析最优订货批量

运用规划求解工具求最优解时，应该先设置目标单元格、可变单元格条件等，然后求解。

（1）设置

假设供应商提出的数量折扣条件为：当甲材料订货数量≥400千克、乙材料订货数量≥450千克、丙材料订货数量≥500千克、丁材料订货数量≥500千克时才给数量折扣。这可以作为规划求解的约束条件。

- 选择【数据】功能区中选择【规划求解】命令，使出现规划求解对话框。
- 在【目标单元格】输入"综合成本"或"C2"，在等于选项中选择"最小值"，在【可变单元格】输入B16：E16（四种存货的订货批量单元区域），选择【增加】按钮，增加约束条件：

根据供应商提供的条件：

甲订货批量≥400

乙订货批量≥450

丙订货批量≥500

丁订货批量≥500

- 选择【规划求解】选项按钮，将【采用线性模型】选择设置为"不选"（因为这是非线性问题）。

（2）求解

当目标单元格、可变单元格、约束条件不变时，无论基本数据如何改变，都不用修改以上的设置，直接进行求解。

- 选择【求解】按钮，求出每种存货的最优订货批量，并自动计算出最优订货批量下的总成本、每年最佳订货次数、最佳订货周期等。如图7-13所示。

规划求解分析				
存货名称	甲材料	乙材料	丙材料	丁材料
最优订货批量$Q*$	700	200	300	300
采购成本	176,400	392,000	882,000	612,500
储存成本	560	255	520	405
订货成本	643	2,500	2,500	2,083
总成本	177,603	394,755	885,020	614,988
综合成本	2,072,366			
最佳订货次数	25.7	100.0	100.0	83.3
最佳订货周期(月)	0.5	0.1	0.1	0.1
经济订货量占用资金	3,500	2,000	4,500	3,750

图7-13 规划求解分析

应用规划求解工具求出在综合成本最低时的订货批量，即最优订货批量，并自动求出最优订货批量下的总成本、每种存货的每年最佳订货次数、最佳订货周期等。有关规划求解结果分析将在下面详细讨论。

在模型中总成本与各要素之间建立了动态链接。当企业财务政策发生变化,如存货全年需要量 D 改变,或经济条件发生变化,如每次订货变动成本 K、单位存货年储存成本 C,企业财务管理人员只需改变基本数据区的各要素值,计算机最优订货批量模型便可以迅速计算出相应的结果。

4)经济订货批量规划求解报告

如果企业需要了解经济订货批量规划求解的过程和结果,在规划求解结束时,选择汇总报告即敏感性分析报告、运算结果报告、限制区域报告,系统将报告保存在当前的工作簿中。

本节针对经济订货批量规划求解报告不再详细阐述。

第8章 销售与利润管理模型

在市场经济条件下,为了实现目标利润、正确地编制财务计划,必须进行销售预测,同时为了实现目标利润,不断提高利润水平,还必须加强对利润的预测和管理。因此,销售收入预测和利润管理都是企业财务管理非常重要的内容。本章主要讨论预测函数和销售预测模型建立的方法和技术、单变量求解工具和利润管理模型建立的方法和技术。

8.1 简单销售与利润管理模型概述

在全球经济一体化的今天,中国企业将要越来越多地面对来自国内和国际市场的竞争,如何使身处顾客(customer)、竞争(competition)、变化(change)经营中的企业保持竞争优势,将是大多数中国企业需要解决的课题。面对激烈的市场竞争,很多企业以市场竞争为核心的市场链流程重组模型使企业内部的职工直接面对用户,形成以客户为中心的服务理念,销售管理在企业经济活动中的地位越来越重要。同时为了实现目标利润,不断提高利润水平,企业必须加强对利润的预测和管理。因此,建立销售与利润管理模型,可以及时准确地从企业的账务处理子系统或者销售子系统提取数据,对用户普遍关心的销售经营情况进行定量的静态与动态分析,以及正确评价企业过去的销售业务经营业绩,全面反映销售业务现状,准确预测销售业务潜力,充分揭示销售业务经营中存在的风险;同时可以通过使用模型分析改变企业利润的各种因素,分析影响企业利润的真正原因,指导企业制订和调整销售计划与销售策略,提高销售与利润管理和控制的服务水平。

8.1.1 销售流向与业绩分析透视

1)获取销售流向分析模型的基础数据

管理者要按销售人员、客户、地区进行分类汇总,分析企业所经营的产品或货物的销售流向,首先要获取各分公司或销售网点的销售汇总数据。如何获取销售数据呢?

(1)集中式财务管理模式下的销售数据获取方法

如果企业采用集中式财务管理模式,那么各分公司或销售网点的销售数据会定期传递到集团总部的中心数据库。

在这种模式下,销售业绩分析模型获取销售数据的方法有两种:

①利用 Microsoft Query 从外部数据库中获取数据。我们详细讨论过利用 Microsoft Query 从外部数据库中获取数据的方法,同样在销售分析模型中,也可以利用 Microsoft Query 从外部数据源——集团总部中心数据库的销售文件中获取数据,并返回到 Excel 表——"SALES"表中,即单击【数据】选项卡中的【获取外部数据】命令下的【新建数据库查询】命令,选择中心数据库中的销售汇总文件,模型便可获得所需的销售数据。

②利用数据透视表技术从外部数据库中获取数据。具体方法是:

a. 选择【数据】选项卡【数据透视表和图表报告】命令,出现"数据透视表和数据透视图向导"对话框 3 步骤之 1。

b. 在数据透视表和数据透视图向导的引导下,从外部数据库中获取销售数据。

(2)分散式财务管理模式

如果企业采用分散式财务管理模式,那么各分公司或销售网点的销售数据保存在当地的数据库中。此时各分公司可以将销售数据转为 Excel 表数据或 TXT 数据,然后通过因特网发送到集团总部的销售分析模型中,为销售分析模型提供基本数据。

按照上述方法获得销售明细数据,保存在 Excel 的工作表中。

2)按客户进行销售流向分析

(1)对"销售明细数据"按客户进行排序

● 选择【数据】选项卡【排序】命令,出现排序对话框。

● 在"主要关键字"选项下选择"客户"。

● 按"确定"按钮,则系统对销售明细数据按客户进行排序,如图 8-1 所示。

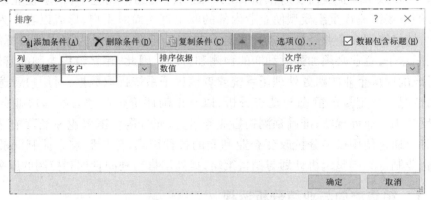

图 8-1 关键字"客户"排序

(2)对"销售明细数据"按客户汇总

● 选择【数据】选项卡【分类汇总】命令,出现"分类汇总"对话框。

● 在"分类字段"选项下,选择"客户"。

● 在"汇总方式"选项下,选择"求和"。

● 在"选定汇总项"选项下,选择需要汇总计算的项目,如"金额"。

● 按"确定"按钮,则按汇总结果显示在屏幕上,如图 8-2 所示。

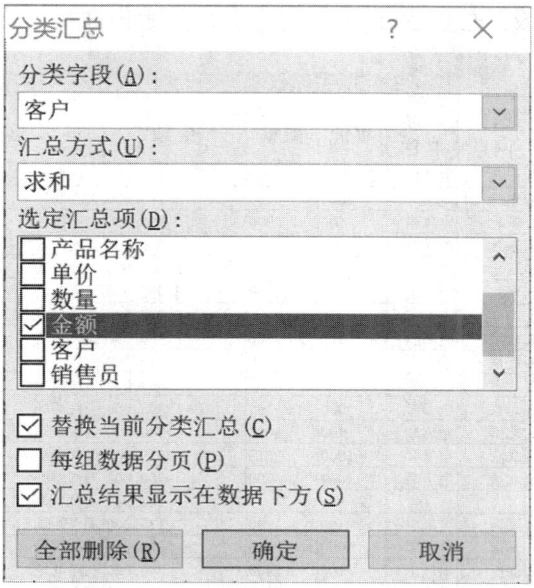

图 8-2 分类汇总

左上角有三个按钮选项,可以根据需要选用:

按钮【1】:表示一级汇总显示,即显示全体客户总销售额,如图 8-3 所示。

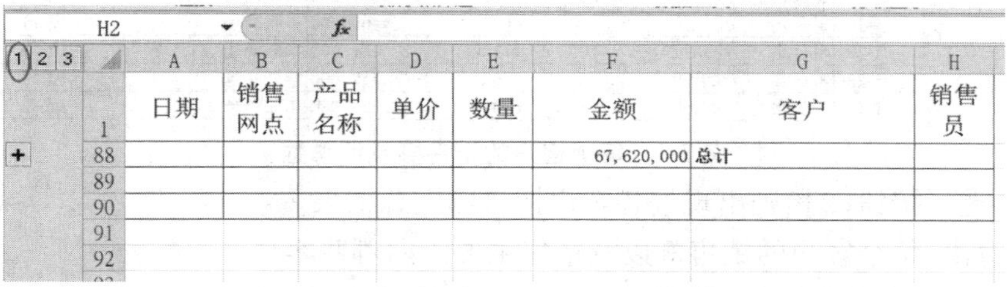

		A	B	C	D	E	F	G	H
	H2			fx					
1		日期	销售网点	产品名称	单价	数量	金额	客户	销售员
+	88						67,620,000	总计	
	89								
	90								
	91								
	92								

图 8-3 全体客户总销售额

按钮【2】:表示二级汇总显示,即显示各客户销售额汇总数,如图 8-4 所示。

		A	B	C	D	E	F	G	H
	G2			fx	大连商场				
1		日期	销售网点	产品名称	单价	数量	金额	客户	销售员
+	8						6,212,000	大连商场 汇总	
+	16						2,901,240	当代商场 汇总	
+	23						5,825,640	湖南商场 汇总	
+	30						4,228,080	华联商场 汇总	
+	37						7,843,160	南方商场 汇总	
+	44						3,699,760	双安商场 汇总	
+	51						6,970,000	天山商场 汇总	
+	55						7,190,000	王府商场 汇总	
+	59						2,109,000	西单商场 汇总	
+	66						8,631,200	湘江商场 汇总	
+	73						3,279,920	欣欣商场 汇总	
+	80						4,762,080	雪莲商场 汇总	
+	87						3,967,920	友好商场 汇总	
−	88						67,620,000	总计	
	89								
	90								

图 8-4 各客户销售额汇总数

按钮【3】：表示三级汇总显示，即显示每个客户的销售额及汇总数，如图 8-5 所示。

	A	B	C	D	E	F	G	H
1	日期	销售网点	产品名称	单价	数量	金额	客户	销售员
2	1-7-18	东北	电风扇	100	1200	120,000	大连商场	李光
3	1-27-18	东北	电子琴	1000	190	190,000	大连商场	李光
4	1-8-18	东北	电风扇	100	2900	290,000	大连商场	李光
5	1-3-18	东北	电子琴	1000	500	500,000	大连商场	李光
6	1-6-18	东北	录音机	80	14000	1,120,000	大连商场	李光
7	1-5-18	东北	录音机	80	49900	3,992,000	大连商场	李光
8						6,212,000	大连商场 汇总	
9	1-24-18	北京	电风扇	100	800	80,000	当代商场	王苹
10	1-16-18	北京	录音机	80	3990	319,200	当代商场	王苹
11	1-24-18	北京	录音机	80	4888	391,040	当代商场	王苹
12	1-23-18	北京	电子琴	1000	398	398,000	当代商场	王苹
13	1-7-18	北京	电风扇	100	4000	400,000	当代商场	王苹
14	1-29-18	北京	电子琴	1000	613	613,000	当代商场	王苹
15	1-7-18	北京	电子琴	1000	700	700,000	当代商场	王苹
16						2,901,240	当代商场 汇总	
17	1-5-18	湖南	电风扇	100	1190	119,000	湖南商场	李军
18	1-5-18	湖南	电子琴	1000	230	230,000	湖南商场	李军
19	1-5-18	湖南	电风扇	100	2400	240,000	湖南商场	李军
20	1-5-18	湖南	录音机	80	7800	624,000	湖南商场	李军
21	1-5-18	湖南	电子琴	1000	700	700,000	湖南商场	李军
22	1-5-18	湖南	录音机	80	48908	3,912,640	湖南商场	李军
23						5,825,640	湖南商场 汇总	
24	1-11-18	东北	电子琴	1000	300	300,000	华联商场	张涛
25	1-11-18	东北	电子琴	1000	321	321,000	华联商场	张涛
26	1-11-18	东北	电风扇	100	4000	400,000	华联商场	张涛
27	1-23-18	东北	电风扇	100	4710	471,000	华联商场	张涛
28	1-23-18	东北	录音机	80	8900	712,000	华联商场	张涛
29	1-11-18	东北	录音机	80	25301	2,024,080	华联商场	张涛

图 8-5 每个客户的销售额及汇总数

此时，选择按钮【2】，则出现按各客户销售额汇总结果。

可以看出，每个客户的销售额以及销售主要流向哪些客户。

（3）按销售额对客户进行排名

对汇总结果按金额进行排序，便可以得到按销售流向对客户进行排名的结果，如图 8-6 所示。

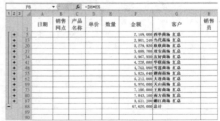

图 8-6 汇总结果按金额排序

（4）取消分类汇总

当分类汇总表使用完毕，可再选择【数据】选项卡【分类汇总】命令，在出现对话框后选择"全部删除"按钮，则恢复原来的销售明细数据，如图 8-7 所示。

图 8-7　取消分类汇总

3）按销售员进行销售流向分析

①选择【数据】选项卡【排序】命令，对"销售明细数据"按销售员进行排序，如图 8-8 所示。

图 8-8　关键字"销售员"排序

②选择【数据】选项卡【汇总】命令，对"销售明细数据"按销售员进行汇总，如图 8-9 所示。

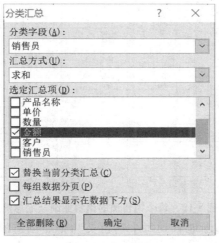

图 8-9　分类汇总

③在汇总结果中：

选择按钮【1】：显示全体销售员总销售额，如图8-10所示。

	A 日期	B 销售网点	C 产品名称	D 单价	E 数量	F 金额	G 客户	H 销售员
86						67,620,000		总计
87								
88								
89								

图8-10　全体销售员总销售额

选择按钮【2】：显示各销售员销售额汇总数，如图8-11所示。

	A 日期	B 销售网点	C 产品名称	D 单价	E 数量	F 金额	G 客户	H 销售员
8						6,212,000		李光 汇总
15						9,299,000		李宏 汇总
22						5,825,640		李军 汇总
29						8,631,200		刘明 汇总
39						8,676,000		马革 汇总
49						7,024,000		苗新 汇总
57						2,901,240		王苹 汇总
64						3,279,920		王新 汇总
71						7,843,160		夏萌 汇总
78						3,699,760		张晡 汇总
85						4,228,080		张涛 汇总
86						67,620,000		总计
87								
88								
89								

图8-11　各销售员销售额汇总数

选择按钮【3】：显示每个销售员的销售业绩及汇总数，如图8-12所示。

	A 日期	B 销售网点	C 产品名称	D 单价	E 数量	F 金额	G 客户	H 销售员
2	1-7-18	东北	电风扇	100	1200	120,000	大连商场	李光
3	1-27-18	东北	电子琴	1000	190	190,000	大连商场	李光
4	1-8-18	东北	电风扇	100	2900	290,000	大连商场	李光
5	1-3-18	东北	电子琴	1000	500	500,000	大连商场	李光
6	1-6-18	东北	录音机	80	14000	1,120,000	大连商场	李光
7	1-5-18	东北	录音机	80	49900	3,992,000	大连商场	李光
8						6,212,000		李光 汇总
9	1-5-18	北京	电风扇	100	1000	100,000	西单商场	李宏
10	1-27-18	北京	电子琴	1000	489	489,000	西单商场	李宏
11	1-14-18	北京	电子琴	80	19000	1,520,000	西单商场	李宏
12	1-5-18	北京	电风扇	100	2900	290,000	王府商场	李宏
13	1-5-18	北京	电子琴	1000	500	500,000	王府商场	李宏
14	1-16-18	北京	录音机	80	80000	6,400,000	王府商场	李宏
15						9,299,000		李宏 汇总
16	1-5-18	湖南	电风扇	100	1190	119,000	湖南商场	李军
17	1-5-18	湖南	电子琴	1000	230	230,000	湖南商场	李军
18	1-5-18	湖南	电风扇	100	2400	240,000	湖南商场	李军
19	1-5-18	湖南	录音机	80	7800	624,000	湖南商场	李军
20	1-5-18	湖南	电子琴	1000	700	700,000	湖南商场	李军
21	1-5-18	湖南	录音机	80	48908	3,912,640	湖南商场	李军
22						5,825,640		李军 汇总
23	1-24-18	湖南	电风扇	100	800	80,000	湘江商场	刘明
24	1-7-18	湖南	电风扇	100	2900	290,000	湘江商场	刘明
25	1-7-18	湖南	电子琴	1000	810	810,000	湘江商场	刘明
26	1-24-18	湖南	电子琴	1000	900	900,000	湘江商场	刘明
27	1-7-18	湖南	录音机	80	39000	3,120,000	湘江商场	刘明
28	1-24-18	湖南	录音机	80	42890	3,431,200	湘江商场	刘明
29						8,631,200		刘明 汇总
30	1-7-18	新疆	电风扇	100	2000	200,000	友好商场	马革

销售流向分析 / 销售预测 / 本

图8-12　每个销售员的销售业绩及汇总数

　　根据汇总结果，可以清晰地看到每个销售员为企业创造的销售收入，管理者可以根据其结果评价每个销售人员的销售业绩。

4）按地区进行销售流向分析

①选择【数据】选项卡【排序】命令，对"销售明细数据"按销售网点进行排序，如图8-13 所示。

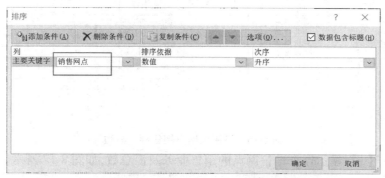

图 8-13　关键字"销售网点"排序

②选择【数据】选项卡【分类汇总】命令，对"销售明细数据"按销售网点进行汇总，如图 8-14 所示。

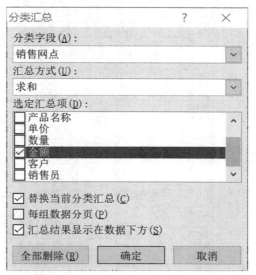

图 8-14　分类汇总

③在汇总结果中：

选择按钮【1】：显示全体销售网点总销售额，如图 8-15 所示。

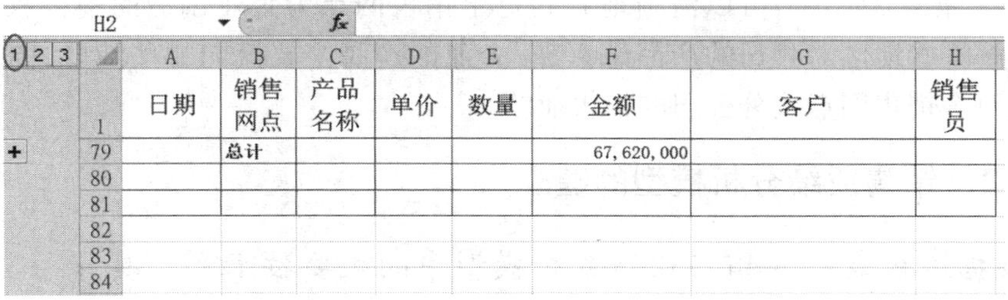

	A	B	C	D	E	F	G	H
1	日期	销售网点	产品名称	单价	数量	金额	客户	销售员
79		总计				67,620,000		
80								
81								
82								
83								
84								

图 8-15　全体销售网点总销售额

选择按钮【2】：显示各销售网点销售额汇总数，如图 8-16 所示。

	日期	销售网点	产品名称	单价	数量	金额	客户	销售员
21		北京 汇总				15,900,000		
40		东北 汇总				13,720,000		
59		湖南 汇总				22,300,000		
78		新疆 汇总				15,700,000		
79		总计				67,620,000		
80								
81								
82								
83								
84								

图 8-16   各销售网点销售额汇总数

选择按钮【3】：显示每个销售网点的销售业务及汇总数，如图 8-17 所示。

	日期	销售网点	产品名称	单价	数量	金额	客户	销售员
2	1-5-18	北京	电风扇	100	1000	100,000	西单商场	李宏
3	1-27-18	北京	电子琴	1000	489	489,000	西单商场	李宏
4	1-14-18	北京	录音机	80	19000	1,520,000	西单商场	李宏
5	1-5-18	北京	电风扇	100	2900	290,000	王府商场	李宏
6	1-5-18	北京	电子琴	1000	500	500,000	王府商场	李宏
7	1-16-18	北京	录音机	80	80000	6,400,000	王府商场	李宏
8	1-24-18	北京	电风扇	100	800	80,000	当代商场	王萃
9	1-16-18	北京	录音机	80	3990	319,200	当代商场	王萃
10	1-24-18	北京	录音机	80	4888	391,040	当代商场	王萃
11	1-23-18	北京	电子琴	1000	398	398,000	当代商场	王萃
12	1-7-18	北京	电风扇	100	4000	400,000	当代商场	王萃
13	1-29-18	北京	电子琴	1000	613	613,000	当代商场	王萃
14	1-7-18	北京	电子琴	1000	700	700,000	当代商场	王萃
15	1-23-18	北京	电风扇	100	300	30,000	双安商场	张喃
16	1-25-18	北京	录音机	80	4900	392,000	双安商场	张喃
17	1-11-18	北京	电风扇	100	4000	400,000	双安商场	张喃
18	1-11-18	北京	电子琴	1000	400	400,000	双安商场	张喃
19	1-23-18	北京	录音机	80	7222	577,760	双安商场	张喃
20	1-11-18	北京	电子琴	1000	1900	1,900,000	双安商场	张喃
21		北京 汇总				15,900,000		
22	1-7-18	东北	电风扇	100	1200	120,000	大连商场	李光
23	1-27-18	东北	电子琴	1000	190	190,000	大连商场	李光
24	1-8-18	东北	电风扇	100	2900	290,000	大连商场	李光
25	1-3-18	东北	电子琴	1000	500	500,000	大连商场	李光
26	1-6-18	东北	录音机	80	14000	1,120,000	大连商场	李光
27	1-5-18	东北	录音机	80	49000	3,992,000	大连商场	李光
28	1-24-18	东北	电风扇	100	800	80,000	欣欣商场	王新
29	1-23-18	东北	电子琴	1000	289	289,000	欣欣商场	王新
30	1-7-18	东北	电子琴	1000	400	400,000	欣欣商场	王新

图 8-17   每个销售网点的销售业务及汇总数

同理，根据汇总结果，可以清晰地看到每个销售网点为企业创造的销售收入。管理者可以了解哪些地区对公司的产品感兴趣，企业的产品主要流向哪些地区，同时根据其结果评价每个销售网点或分公司的销售业绩。

8.1.2　销售业绩分析模型的建立

1）数据透视表——销售业绩分析模型中的主要技术和工具

数据透视表是一种对大量数据快速建立交叉分析表的数据分析技术和工具，可以有效、灵活地将各种以流水方式记录的数据,在重新组合与添加算法的过程中,快速进行各种目标的统计和分析。销售业绩分析模型正是对各种销售网点或分公司数据进行重新组合,并按照惯例需求进行统计和分析,因此,数据透视表对建立销售业绩分析模型是十分有用的。下面我们深入地学习数据透视表的技术和工具,然后再学习如何应用它建立销售业绩分析模型。

(1)建立数据透视表的条件

应用数据透视表技术和工具建立数据透视表应当满足以下条件:

①完整的表体结构。完整的表体结构是指 Excel 表中的记录以流水方式记录,表头各字段内容应为文本型,而且不存在空白单元格。

②规范的纵向数据。规范的纵向数据指同一列中的数据应具有相同的格式,各列中不允许存在空白单元格。

(2)准备数据源

数据透视表的创建需经历三个阶段:准备数据源、创建透视表、建立透视关系。第一阶段工作就是准备数据源,它是指为应用数据透视表技术和工具对特定经济业务进行分析的数据集。准备的数据源主要包括:

①存放在 Excel 中的数据清单或数据库。

②外部数据源,即会计信息系统中各子系统产生的数据库文件(如销售业务文件、采购业务文件等)、文本文件,或者除了 Excel 工作簿以外的其他数据源,也可以是因特网上的数据源。

③经过多重合并计算数据区域。

④另一个数据透视表。

(3)通过向导创建数据透视表

①选择【数据】功能区下【数据透视表和图表报告】命令。

②确定要建立数据透视表的数据源区域。

③确定数据透视表显示位置。

(4)建立透视关系

完成数据透视表创建后,自动添加新工作表,并提供建立数据透视关系工作区、数据透视表所需字段列表和工具栏。

①数据透视工作区。在新工作表中,数据透视技术和工具自动在左上角提供了新表重组的数据透视工作区。该区域包括:

"上表头"区,用于重组表时设置字段的纵向分类依据。

"左表头"区,用于重组表时设置记录的横向分类依据。

"统计"区,用于重组表时设置交叉统计用字段。

"分页"区,用于分类显示透视统计结果。

另外,进入透视工作表后,系统将自动显示"数据透视表"工具栏。该工具栏顶部罗列了一组工具图标,底部则显示重新组合表格所需的表头字段名称。

②在透视表中重组数据关系。根据管理需要将数据表单或数据库文件各字段分别

拖到数据透视工作区的"上表头"区、"左表头"区、"统计"区、"分页"区,便可以得到多角度分析的数据透视表。透视表生成后,表格区产生一组由"字段"名形成的控制按钮,分别控制数据的三种透视关系。

2)建立销售业绩分析模型所需的数据透视表

建立销售业绩分析模型,首先要获取各分公司或销售网点的销售汇总数据。获取数据的方法仍采用 Microsoft Query 或数据透视表技术从外部数据源——账务处理子系统或销售子系统数据文件中获取销售数据,并将其返回到 Excel 表中。

假设利用上述方法获取了公司下属的北京、东北、新疆、湖南等分公司 1—6 月各种产品的销售数据,并存放在 SALES 工作表中。管理者需要对"销售网点"或分公司按"日期"和"产品"分别统计销售额,进行深入分析。

(1)建立数据透视表

- 在 SALES 工作表中,选择【插入】命令。
- 在"数据透视表"选项下选择"数据透视表",进入数据透视表的创建。
- 在"请选择要分析的数据"中选择"选择一个表或区域"或"使用外部数据源"。
- 针对电子表格类的文件,被选中数据区的地址将显示在区内。
- 在选择放置数据透视表的位置选项中选择"新工作表"或"现有工作表"。
- 单击【确定】即完成创建,如图 8-18 所示。

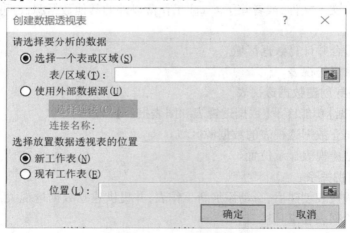

图 8-18　建立数据透视表

(2)建立透视关系

完成数据透视表创建后,自动添加新工作表,并提供建立数据透视关系工作区、数据透视表所需的字段列表和工具栏,该工具栏顶部罗列了一组工具图标,底部则显示重新组合表格所需各表头的字段名称。

根据管理者的要求:

①将"销售网点"字段拖到"报表筛选"区,用作分销售网点或分公司显示透视统计结果。

②将"产品名"字段拖到"列标签"区,用作重组表时的纵向分类依据。

③将"日期"字段拖到"行标签"区,用作重组表时的横向分类依据。

④将"求和项:金额"字段拖到"数值"区,用作重组表时设置交叉统计字段。

此时生成可以从多角度分析的数据透视表。透视表生成后,表格区产生一组由"字段"名所形成的控制按钮,分别控制数据的三种透视关系,如图 8-19 所示。

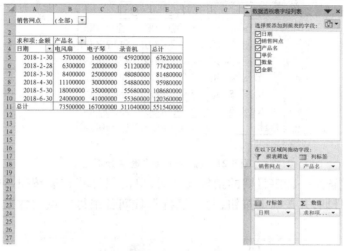

图 8-19　建立透视关系

（3）透视分析

数据透视表一旦建立,使用非常灵活。

①当需要了解不同销售网点的销售业绩时,单击"页"控制按钮,弹出选择项对话框,选择所需的销售网点(如北京),并按确定按钮,此时该销售网点的数据将展示在面前,如图 8-20 所示。

A	B	C	D	E
销售网点	北京 ▼			
求和项:金额	产品名 ▼			
日期 ▼	电风扇	电子琴	录音机	总计
2018-1-30	1300000	5000000	9600000	15900000
2018-2-28	1400000	7000000	11200000	19600000
2018-3-30	1600000	8000000	8880000	18480000
2018-4-30	1800000	9000000	10400000	21200000
2018-5-30	4000000	11000000	11200000	26200000
2018-6-30	5000000	13000000	11600000	29600000
总计	15100000	53000000	62880000	130980000

图 8-20　按"页"透视分析

②当需要分析某个特殊的产品时,单击"产品名"控制按钮,弹出选择项对话框,只选择一种特定的产品(如录音机),并按确定按钮,此时该产品的数据将展示在面前,如图 8-21 所示。

	A	B	C	D
1	销售网点	(全部) ▼		
2				
3	求和项:金额	产品名 ▼		
4	日期 ▼	录音机	总计	
5	2018-1-30	45920000	45920000	
6	2018-2-28	51120000	51120000	
7	2018-3-30	48080000	48080000	
8	2018-4-30	54880000	54880000	
9	2018-5-30	55680000	55680000	
10	2018-6-30	55360000	55360000	
11	总计	311040000	311040000	
12				

图8-21 按"产品名"透视分析

③当需要了解某一特定日期的销售业绩时,单击"日期"控制按钮,弹出选择项对话框,选择所得的日期,并按确定按钮,此时该特殊日期各销售网点的数据将展示在面前,如图8-22所示。

C4	▼	fx	总计	
	A	B	C	D
1	销售网点	(全部) ▼		
2				
3	求和项:金额	产品名 ▼		
4	日期 ▼	录音机	总计	
5	2018-3-30	48080000	48080000	
6	总计	48080000	48080000	

图8-22 按"日期"透视分析

④当需要改变销售金额的汇总方式时,单击"求和项:金额"区域,弹出对话框。在汇总方式框中选择求和、计数、最大值、最小值等算法,并按确定按钮,此时Excel将按内置的数学模型进行汇总,并将新的数据透视表显示出来,如图8-23所示。

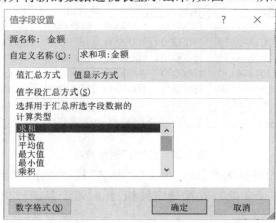

图8-23 设置"求和项:金额"

（4）改变数据透视关系

当管理者的需求发生变化时，可以根据需要改变数据透视表内部的透视关系，重组表格结构。如将"产品名""销售网点""日期"等字段在透视表中的排列位置进行调换，重新组合透视表的纵、横排列关系，满足管理者从新的视角对销售业绩进行分析的需求。

（5）建立数据透视图

有了满足管理需求的数据透视表后，还需要将透视结果进行图形化显示与分析。此时使用"数据透视表"工具栏中的"数据透视图"工具，便可以快速绘制出相关的图表。既可以看到数据透视表，又可以看到相应图表中的数据发生变化时，图表也自动发生变化，如图 8-24 所示。

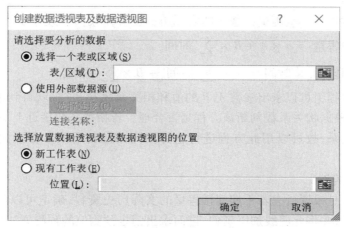

图 8-24　建立数据透视图

3）刷新数据

销售业绩分析数据透视表模型中的结果来源于 Excel 表中的基本销售数据，而 Excel 表中的基本销售数据有的来源于外部数据。当外部销售数据变化或 Excel 表中的数据变化时，为保证数据透视结果能跟踪最新数据，就需要使用数据刷新功能。

- 选择数据透视表或 Excel 基本数据表。
- 选择【数据】功能区中【全部刷新】命令，数据透视表中的数据便自动更新。

8.2　销售预测模型

销售预测是指企业在一定的市场环境和一定的营销规划下，对某种产品在一定地理区域和一定时期内的销售和销售收入做出预测和估量。销售预测是十分重要的，它是企业正确决策的基础，编制企业财务计划的依据以及进行其他预测的前提。销售预测的定量分析方法很多，我们主要讨论趋势分析和因果分析。

8.2.1 销售历史数据与趋势分析

1)销售预测方法

(1)直线趋势法

直线趋势法是根据过去若干期间销售量的实际历史资料,确定可以反映销售量增减变化趋势的直线方程,即直线回归方程,并将此直线加以延伸,进而求出销售预测值的预测方法。

直线回归方程

销售量$=A×$时间$+B$

$Y=A×X+B$

根据直线方程和一组历史销售量的实际历史资料,确定下列方程组:

$$\sum 销售量_i = n × A + B × \sum 时间_i$$

$$\sum 销售量_i × 时间_i = A × \sum 时间_i + B × \sum 时间_i^2$$

根据以上方程组可以求出参数A,B的值和相关系数R^2,这样就得到了销售预测直线方程,并且可以根据相关系数判断该方程是否合理。若相关系数接近1,说明时间和销售量之间呈线性关系,故可以用此方程进行趋势预测;否则,用该方程预测其结果将会不准确。

(2)曲线趋势法

曲线趋势法是根据过去若干期间销售量的实际历史资料,确定可以反映销售量增减变化的曲线方程,并将此曲线加以延伸,进而求出销售预测值的预测方法。

曲线方程

$Y=A×X+B×X^2+C$

根据曲线方程和一组n期历史销售量的实际历史资料,可以计算出A,B,C和R^2,这样就得到了销售预测的曲线方程并进行趋势预测。然而,在手工条件下曲线方程的建立非常复杂,必须借助计算机才能得以广泛应用。

(3)因果分析法

因果分析法是利用事物发展的因果关系来推测事物发展趋势的一种预测方法:产品销售一般和某些因素有关,只要找到与产品有关的因素以及它们之间的函数关系,就可以利用这种因果关系进行预测。在使用这种方法进行预测时,首先应该根据因素之间的关系确立预测模型,然后根据预测模型进行预测。

2)预测函数

Excel 提供了多种预测函数,在此我们介绍回归分析函数 LINEST,以此进行直线回归分析、曲线分析和因果分析。

(1)LINEST 函数用于直线回归分析

语法:LINEST(known_y's * known_x's,const,stats)

功能:找出直线回归方程 $Y=A×X+B$ 最适合预测数据的直线回归系数与统计量,并返回该系数与统计量。

参数：

known_y's 代表一组因变量 Yi：如果 known_y'n 数组是单一行，则 known_x's 中的每一横行将被视为一个独立的自变量；如果 known_y's 数组是单一列，则 known_x's 中的每一竖列将被视为一个独立的自变量。

known_x's 代表一组自变量 Xi：如果 known_x's 参数被省略了，则假设它是一个与 known_y's 具有相同个数的数组（1，2，3，…）。这意味着当 known_x'y 省略时，视为"时间序列"来处理。

const 为一个逻辑变量，指定是否强制常数项 B 为 0：如果 const 为 FALSE，常数项 B 将被忽略，方程为 $Y=A×X$；如果 const 为 TRUE，或 const 被省略了，正常计算 B。

stats 为一个逻辑变量。指定是否返回附加回归统计值；如果 stats 为 TRUE，LINEST 函数将返回如下的二维数组。如果 stats 为 FALSE 或省略，LINEST 函数将返回参数 A 和 B。

如果要得到数组中的值，必须用我们前面学过的 INDEX 函数将其取出。

【例 8-1】　A 参数是数组中第 1 行、第 1 列元素，因此，A 参数的计算公式为：

＝INDEX（LINEST（y 变量单元区域，x 变量单元区域，TRUE），1，1），如图 8-25 所示 INDEX 函数。

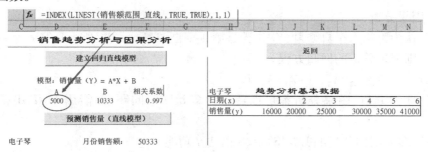

图 8-25　INDEX 函数 A 参数

B 参数是数组中第 1 行、第 2 列元素，因此，B 参数的计算公式为：

＝INDEX（LINEST（y 变量单元区域，x 变量单元区域，TRUE），1，2），如图 8-25 INDEX 函数所示。

图 8-26　INDEX 函数 B 参数

R^2 参数是数组中第 3 行、第 1 列元素，因此，R^2 参数的计算公式为：

＝INDFX（LINEST（y 变量单元区域，x 变量单元区域，TRUE），3，1），如图 8-25 INDEX

函数所示。

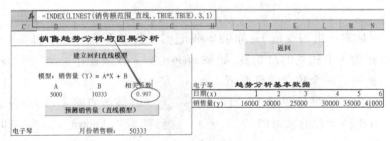

图 8-27　INDEX 函数 R^2 参数

（2）LINEST 函数用于曲线分析和因果分析

LINEST 函数既可以用于直线回归分析，也可以用于曲线分析和因果分析。因为它也能找出多元回归方程 $Y=A_1\times X_1+A_2\times X_2+\cdots+A_n\times X_n+B$ 最适合预测数据的多元回归系数与统计量，并返回该系数与统计量。

对于曲线方程：

$$Y=A\times X+B\times X^2+C$$

把 X 设置为 X_1，把 X^2 设置为成 X_2，经过变形曲线方程为：

$$Y=A\times X_1+B\times X_2+C$$

对于因果分析：

把 X_1 认为是第 1 个自变量、X_2 认为是第 2 个自变量，$\cdots$，X_n 认为是第 n 个自变量，Y 是因变量，则因果分析的回归方程为：

$$Y=A_1\times X_1+A_2\times X_2+\cdots+A_n\times X_n+B$$

因此，曲线分析、因果分析都可以转化为多元回归问题，并能用 LINEST 函数解决问题。

①用于多元回归分析的 LINEST 函数语法及功能。

语法：LINEST(known_y's,known_x's,const,stats)

功能：找出多元回归方程 $Y=A_1\times X_1+A_2\times X_2+\cdots+A_n\times X_n+B$ 最适合预测数据的多元回归系数与统计量，并返回该系数与统计量。

参数：

known_y's 代表一组因变量 Y_i：如果 known_y's 数组是单一行，则 known_x's 中的每一横行将被视为一个独立的自变量。

known_x's 是数组，它包含多个自变量 X_i。

const 为一个逻辑变量，指定是否强制 B 为 0：如果 const 为 TRUE，或 const 被省略了，正常计算 B。

stats 为一个逻辑变量，指定是否返回附加回归统计值。其中，A_1,A_2,A_n 代表 $X_1,X_2,\cdots$，X_n 的自变量系数；i 代表常数系数；SEa1，$\cdots$，SEan 代表 $A_1,\cdots,A_n$ 的标准差；SEB 代表常数项 B 的标准差；R^2 代表相关系数；SEy 代表 Y 的计数标准差；F 代表统计值；D. F 代表自由度（N—2）；SSreg 代表回归平方和（已解释变异）；SSresid 代表残差平方和（未解释变异）。

如果要得到数组中的值，必须用我们前面学过的 INDEX 函数将其取出。

②举例。

【例 8-2】

A_1 参数的计算公式为：
= INDEX（LINEST（Y 变量单元区域，X 多元变量单元，TRUE，TRUE），1，1）

即从 LINEST 函数返回的数组中取第 2 行、第 1 列元素的值，即 A_1 参数的值。

A_2 参数的计算公式为：
= INDEX（LINEST（Y 变量单元区域，X 多元变量单元，TRUE，TRUE），1，2）

即从 LINEST 函数返回的数组中取第 1 行、第 2 列元素的值，即 A_2 参数的值。

A_n 参数的计算公式为：
= INDEX（LINEST（Y 变量单元区域，X 多元变量单元，TRUE，TRUE），1，n）

即从 LINEST 函数返回的数组中取第 1 行、第 n 列元素的值，即 A_n 参数的值。

B 参数的计算公式为：
= INDEX（LINEST（Y 变量单元区域，X 多元变量单元，TRUE，TRUE），1，n+1）

即从 LINEST 函数返回的数组中取第 1 行、第 n+1 列元素的值，即 B_n 参数的值。

R^2 参数的计算公式为：
= INDEX（LINEST（Y 变量单元区域，X 多元变量单元，TRUE，TRUE），3，1）

即从 LINEST 函数返回的数组中取第 3 行、第 1 列元素的值，即 R^2 参数的值。如图 8-28 所示。

图 8-28　因果分析 INDEX 函数的所有参数公式

8.2.2　销售量预测及资金需求分析

1）销售预测模型 1——直线回归分析模型设计

（1）建立历史资料

根据销售工作表中的基本销售数据建立数据透视表，并将其表名改为"销售预测"。

此时根据数据透视表数据建立直线回归分析基本数据区：

用【插入】功能区上【名称】命令下的【定义】命令将销售量所在的单元区域 I7:N7 定义为"销售额范围_直线"。

（2）建立预测模型

企业过去若干期间销售量与时间的关系用下列直线回归方程描述：

销售量（y）= A×时间（x）+B

只要求出了 A，B 参数和相关系数 R^2，就得到了销售预测直线方程。

用 LINEST 函数定义 3 个参数。

A 参数(D6 单元)的计算公式为:

    =INDEX(LINEST(销售额范围_直线,TRUE,TRUE),1,1)

B 参数(E6 单元)的计算公式为:

    =INDEX(LINEST(销售额范围_直线,TRUE,TRUE),1,2)

R^2 参数(F6 单元)的计算公式为:

    =INDEX(LINEST(销售额范围_直线,TRUE,TRUE),3,1)

预测销售量(F10 单元)的计算公式为:

    =A×预计时间+B

(3)建立预测模型——直线回归分析模型使用

输入历史数据:由于模型中各单元格之间建立了链接,只要将企业各期的销售量输入或链接到"趋势分析基本数据"区域,将时间序列输入自变量区域,与该历史数据相对应的直线回归方程便建立完成,即模型自动求出了参数 A、B 和 R^2。

判断:企业财务管理人员可以根据相关系数 R^2 的值判断该方程是否合理,若该相关系数接近 1,说明时间和销售量之间呈线性关系,故可以用此方程进行趋势预测;否则,用该方程预测其结果将会不准确。

趋势预测:在预计时间单元格输入未来的时间,则模型立即计算出预计的销售量。

2)销售预测模型 2——因果分析模型实例

(1)建立历史资料

销售量一般总和某些因素有关,如本例中销售量与单价和广告费用有关。因此,财务管理人员应该分析影响销售量的原因,并将企业过去若干期间与产品销售量有关的因素的实际历史资料输入因果分析基本数据区域中。

  •用【插入】功能区上【名称】命令下的【定义】命令将销售量所在的单元区域定义为"销售额范围_因果"。

  •用【插入】功能区上【名称】命令下的【定义】命令将影响销售量的若干个因素所在的单元区域(如若干期单价、广告费用区域)定义为"自变量范围_因果"。

(2)建立预测模型

企业过去若干期间销售量与单价、广告费用的关系用下列多元回归方程描述:

    销售量(y)= A_1×单价(x_1)+A_2×广告费用(x_2)+B

只要求出了 A_1,A_2,B 和相关系数 R^2,就得到了销售预测的因果模型。

用 LINEST 函数定义四个参数:

A_1 参数(D15 单元)的计算公式为:

    =INDEX(LINEST(销售额范围_因果,自变量范围_因果,TRUE,TRUE),1,1)

A_2 参数(E15 单元)的计算公式为:

    =INDEX(LINEST(销售额范围_因果,自变量范围_因果,TRUE,TRUE),1,2)

B 参数(F15 单元)的计算公式为:

    =INDEX(LINEST(销售额范围_因果,自变量范围_因果,TRUE,TRUE),1,3)

R^2 参数($G15$ 单元)的计算公式为：

$$=\text{INDEX}(\text{LINEST}(销售额范围\_因果,自变量范围\_因果,\text{TRUE},\text{TRUE}),3,1)$$

因果分析预测销售量($F19$ 单元)的计算公式为：

$$=A_1 \times \$F\$17 + A_2 \times \$F\$18 + B$$

式中，$\$F\$17$ 为因果分析输入的单价；$\$F\$18$ 为因果分析输入的销售员数。

图 8-29 因果分析数据的广告费和销售员数

（3）销售预测模型——因果分析模型的使用

输入历史数据：由于模型中各单元间建立链接，只要将企业的历史数据链接或输入到"因果分析基本数据"区域，即各期的销售量链接到因变量区域，将单价、销售员数等因素输入自变量区域，与该历史数据相对应的因果分析回归方程便建立完成，即自动求出了参数 A_1, A_2, B 和 R^2。

判断：企业财务管理人员可以根据相关系数 R^2 的值判断该方程是否合理，若相关系数接近 1，说明历史资料中单价和销售员数与销售量之间存在因果关系，即单价和销售员数是影响销售量的主要因素；否则，重新寻找影响销售量的因素，再输入历史数据区域，观察其相关系数是否接近 1，直到相关系数接近 1，才找到影响销售量的真正因素以及因果分析方程。故可以用此方程进行分析。

因果分析：在"单价"单元格输入未来的单价，在"销售员数"单元格输入未来的销售员数，则模型立即计算出相应的销售量。

8.3 利润管理模型

8.3.1 目标利润与要素管理模型

在社会主义市场经济条件下，加强对利润的管理，对企业顺利实现财务管理目标，不断提高利润水平具有十分重要的意义。为了实行目标利润管理，一般进行两方面的分析：①盈亏临界点分析，研究利润为零的特殊经营状况的有关问题；②各因素变动分析，研究利润不为零的一般经营状况的有关问题。本节着重讨论运用本-量-利分析的基本原理，建立计算机环境中利润管理模型的基本方法。

1）本-量-利分析的基本原理

本-量-利分析法是研究成本、业务量和利润三者之间关系的一种重要方法，它可以帮助企业财务管理人员顺利地找到降低成本、增加利润的途径,帮助财务管理人员进行利润规划和管理。

本-量-利的基本方程式:

利润=销售收入–总成本

　　　=销售收入–变动成本–固定成本

　　　=边际贡献–固定成本

　　　=(售价–单价变动成本)×销售量–固定成本

　　　=单位边际贡献×销售量–固定成本

　　　=边际贡献率×销售收入–固定成本

在这个方程式中有 5 个相互联系的变量,给定其中 4 个,便可以求出剩余一个变量的值。

本-量-利分析在企业财务管理中应用非常广泛,可以用于盈亏临界点分析、单因素变动对目标利润影响的分析、多因素变动对目标利润影响的分析等。

2)利润管理模型设计

(1)建立利润管理模型中的基本数据区

要进行盈亏临界分析必须给出一些基本数据,如单价、单位变动成本、固定成本。因此,在模型中应设置一个基本数据区,允许财务管理人员输入数据。

(2)多因素变动分析区

多因素变动分析,是指本-量-利发生变化时相互影响的定量分析,既要研究销量、成本、单价等单一因素发生变化对利润的影响程度,又要研究销量、成本、单价等多个因素同时发生变化对利润的影响程度。

在计算机环境中,我们可以运用前面讨论过的用户图形接口工具建立多因素变动分析模型,它能非常方便地进行多因素变动分析。下面我们讨论建立方法。

①激活【开发工具】功能区。

● 从【开发工具】功能区中选择【插入】表单控件命令。

● 在各种工具栏中选择【表单控件】工具栏。如图 8-30 所示。

控件工具栏就显示在屏幕上。

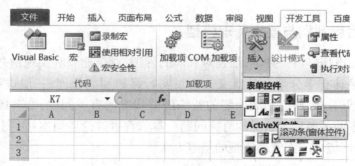

图 8-30　滚动条(窗口控件)按钮

②为每个因素建立一个"滚动条"控制项。在多因素变动分析模型中,为了使各因素

在合理的范围内方便变动,在各因素处建立一个"滚动条"控制项,财务管理人员通过使用滚动条控制项,可以按一定的变动百分比在合理的范围内改变各因素。

假设财务管理人员要求:各因素的变动百分比从−20%到+20%;变动增减幅度为1%。下面以建立单价"滚动条控制"按钮为例,说明其建立的方法。

③给"单价"建立一个"滚动条控制按钮"。

•单击【表单控件】工具栏中的滚动条控制项。

•将鼠标移到 D3 单元,按住鼠标的左键,拖拽鼠标到合适的尺寸,释放鼠标,此时形成一个矩形的"滚动条控制"按钮,如图 8-31 所示。

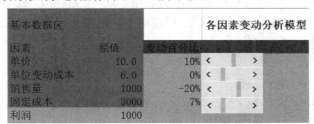

图 8-31　滚动条控制按钮

④给单价"滚动条控制按钮"设置参数。

•将鼠标指针移到新建立的"滚动条控制项",单击右键按钮,显示对象格式对话框或单击左键,出现快捷菜单,选择【对象格式】命令,出现对象格式对话框。

•选择【控制项】标签,右键设置"滚动条控制"按钮的控制值,如图 8-32 所示。

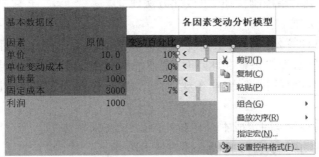

图 8-32　右键设置"滚动条控制"按钮

•【控制项】标签各选项框中输入数值,并将其值链接到 D3 单元,即:

【现有值】框输入 10。

【最小值】框输入 0。

【最大值】框输入 40。

【递增量】框输入 1。

【页改变】框输入 10。

【单元格链接】框输入 D3。

"滚动条控制按钮"的【单元格链接】应该输入 C3,即应该链接到 C3 单元——变动百分比单元,但是各选择项不能输入小数或百分数,如果链接到 C3 单元,也得不到所需的百分数。因此,先将"滚动条控制按钮"的值存放到 D3 单元,然后将其与 C3 单元建立链接。

●单击【确定】按钮,完成"滚动条控制按钮"的建立,如图 8-33 所示。

图 8-33　设置"滚动条控制按钮"的值

⑤建立变动百分比与滚动条控制按钮的联系。D3 单元存放"滚动条控制按钮"的值(最大值=40,最小值=0)。为使 C3 单元与"滚动条控制按钮"建立联系,并使其值从−20%变化到+20%,应进行如下操作:

●选择 C3 单元。

●输入公式=D3/100−20% 。

●单击"百分比工具",将 C3 单元格式变为百分比格式。

这样,变动百分比与"滚动条控制按钮"建立了联系,并且值的变化范围由−20%到 20% 。

⑥试用"滚动条控制按钮"。每单击一次滚动条两端的箭头,变动百分比 C3 单元中的数值以增量 1% 变化。在滚动框与两端之间单击滚动条,C3 单元中的数值以"页改变"增量 10% 变化。

其他因素的"滚动条控制按钮"也按此方法建立。

（3）建立计算公式

①盈亏临界点计算公式的建立。盈亏临界点是既没有利润也没有亏损时的销售量或销售额。也就是说,当销售量在此点时,企业的利润等于零。盈亏临界分析是本-量-利分析中的一个非常重要的模型,企业在规划目标利润、控制利润完成情况、估计经营风险时都需要它。

盈亏临界点销售量=固定成本/(单价−单位变动成本)

考虑多因素变动影响,盈亏临界点销售量 D10 单元公式为:

[固定成本×(1+变动率%)]/[单价×(1+变动率%)−单位变动成本×(1+变动率%)],如图 8-34 所示。

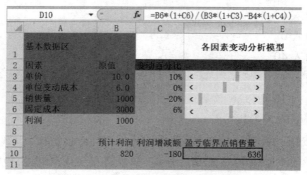

图 8-34　多因素变动分析-销售量

②利润公式的建立。利润 B7 单元的公式为：

=（单价–单位变动成本）×销售量–固定成本，如图 8-35 所示。

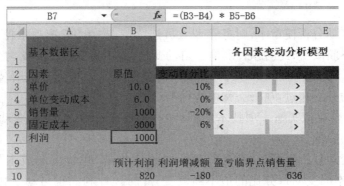

图 8-35　多因素变动分析-利润

③预计利润公式的建立。预计利润 B10 单元的公式为：

=单价×（1+变动率％）–单位变动成本×（1+变动率％）×（销售量×（1+变动率％））–固定成本×（1+变动率％），如图 8-36 所示。

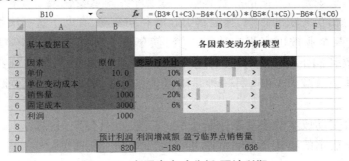

图 8-36　多因素变动分析-预计利润

④利润增减额公式的建立。利润增减额 C10 单元的公式为：

=预计利润–利润，如图 8-37 所示。

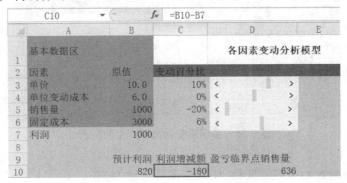

图 8-37　多因素变动分析-利润增减额

（4）多因素变动分析模型的使用

①改变单因素观察对利润的影响。外界因素发生变化、企业拟采取某项行动等都会使销量、单价等因素发生变化，由此对利润产生影响，利用多因素变动分析模型分析各种

因素变化对利润的影响,有利于财务管理人员进行决策。

【例8-3】 企业拟采取更有效的广告方式,从而使销售量增加10%,测定其对利润的影响。

在多因素变动分析模型中,财务管理人员连续单击"单价"滚动条控制按钮,单价变动百分比的值不断改变,此时预计利润也自动变化,当单价变动百分比为10%时,预计利润的值为1 400元。增加了400元,其变动百分比为40%。它是广告开支的上限。如果这次广告宣传的开支超过400元,就可能得不偿失。

【例8-4】 企业拟实施一项技术培训计划,以提高工效,使单位变动成本降低4%,测定其对利润的影响。

在多因素变动分析模型中,财务管理人员连续单击"单价变动成本"滚动条控制按钮,单位变动成本的变动百分比的值不断改变,此时预计利润也自动变化。当单位变动成本的变动百分比为-4%时,预计利润的值为1 240元,利润增加240元,它是培训计划开支的上限。如果培训计划的开支不超过240元,则可以从当年新增利润中得到补偿,并可以长期受益。如果开支超过240元,则要慎重考虑这项计划是否真的有意义。

②改变多因素观察对利润的综合影响。由于外界因素变化或企业拟采取某项行动,使有关因素发生相互关联的影响,测定其引起的利润变动,有助于选择决策方案。

【例8-5】 某企业按国家规定普调工资,使单价变动成本增加4%,固定成本增加1%,这将会导致利润下降。为了抵消这种影响,企业可采取两种措施:一是提高价格5%,提高价格使销量减少10%;另一种是降低价格3%,则增加销量20%。试分析哪种措施好。

- 单击单价变动成本的滚动条控制按钮,使其变动百分比为4%。
- 单击固定成本的滚动条控制按钮,使其变动百分比为1%。

此时,可以观察到调整工资后不采取措施的利润为730元,如图8-38所示。

基本数据区		各因素变动分析模型			
因素	原值	变动百分比			
单价	10.0	0%	<		>
单位变动成本	6.0	4%	<		>
销售量	1000	0%	<		>
固定成本	3000	1%	<		>
利润	1000				

预计利润	利润增减额	盈亏临界点销售量
730	-270	805.8510638

图8-38 多因素变动分析产生的利润

采取措施1:

- 单击单价的滚动条控制按钮,使其变动百分比为5%。
- 单击销售的滚动条控制按钮,使其变动百分比为-10%。

此时,可以观察到调整工资并采取措施1后的利润为804元,如图8-39所示。

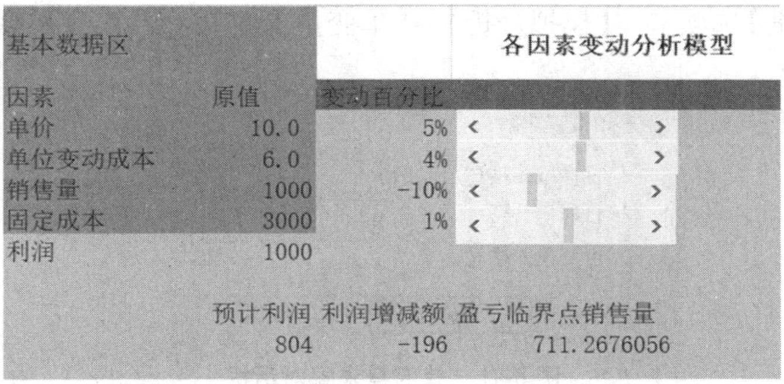

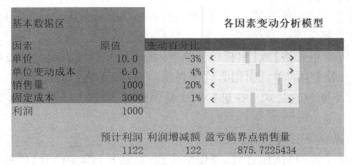

图 8-39　多因素变动分析产生的新利润

采取措施 2：

- 单击单价的滚动条控制按钮，使其变动百分比为-3%。
- 单击销量的滚动条控制按钮，使其变动百分比为 20%。

此时，可以观察到调整工资并采取措施 2 后的利润为 1 122 元，如图 8-40 所示。

图 8-40　多因素变动分析产生的新利润

通过比较可知，应该采取第 2 种措施。

8.3.2　本-量-利盈亏平衡分析模型

上面的分析是假设影响利润的诸因素为已知数，利润是待求的未知数。但企业有时会碰到相反的情况，利润是已知数，而其他因素是待求的未知数，即企业下达目标利润，财务管理人员对影响利润的销量、销售收入、成本等各因素进行分析和合理的安排，以实现目标利润。Excel 提供的单变量求解工具能够帮助财务管理人员方便地完成目标利润的分析工作。本节着重介绍单变量求解工具以及用单变量求解工具进行目标利润分析的方法。

1）单变量求解工具

单变量求解工具具有根据结果倒推出原因的功能，即具有处理如果（If）需要得到结果，那么原因会是什么的（What）问题的功能。单变量求解工具的使用，是通过【数据】选项卡→【模拟分析】→【单变量求解】命令来实现的。

（1）单元变量求解的使用

- 选择包含公式的目标单元格。

• 选择【数据】选项卡→【模拟分析】→【单变量求解】命令,出现单变量求解对话框,如图 8-41 所示。

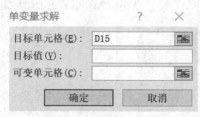

图 8-41　单变量求解对话框

【目标单元格】:输入目标单元格的引用位置或名称,这个单元格包含求出特定解的公式。

【目标值】:希望公式求出的数值。

【可变单元格】:将要被调整的单元引用位置或名称,可变单元格中的单元引用包含在目标单元格的公式中。

• 选择【确定】按钮,便开始求解,直到达到目标值为止。

(2)单变量求解原则

①可以在【可变单元格】或【目标单元格】中输入单元格的引用位置或名称。

②【可变单元格】中的单元引用必须包含在【目标单元格】内的公式中。

③可变单元不能包含公式。在进行单变量求解时,屏幕上会出现【单变量求解状态】的对话框。

④若要中断操作,选择【暂停】按钮。

⑤如果在选择【暂停】按钮之后,要想单步执行,选择【单步执行】按钮;如果选择【继续执行】按钮,可以继续执行原来的操作。

⑥当单变量求解完成时,Excel 会把结果显示在工作表以及【状态】对话框内。选择【确定】按钮,把解出的数值存入工作表,选择【取消】按钮恢复为初值。

⑦如果将已经求出的答案放入工作表,但是又临时改变主意,不想这么做,则立即选择【数据】功能区【撤销单变量求解】命令。

2)运用单变量求解工具进行目标利润分析

一般来说,企业为了实现目标利润,可以从以下几个方面入手,即减少固定成本、减少变动成本、提高单价、增加产销量等。

下面以 Excel 工作簿的"变动分析"工作表中的数据为例,说明运用单变量求解工具进行目标利润分析的方法。

【例 8-6】　已知利润单元的公式为:

=(单价-单位变动成本)×销量-固定成本

假设企业下达的目标利润为 2 000 元,希望财务管理人员分析如何减少固定成本、减少变动成本、提高单价、增加产销量才能实现目标利润。

(1)减少变动成本分析

• 选择目标单元即利润所在单元 B7。

- 选择【数据】功能区的【模拟运算】→【单变量求解】。

　　在【目标单元格】中输入 $B$7，即利润单元地址。

　　在【目标值】中输入 2 000，即目标利润。

　　在【可变单元格】中输入单位变动成本地址 $B$4。

- 在选择【确定】按钮进行单变量求解时，屏幕上会出现【单变量求解状态】对话框，如图 8-42 所示。

图 8-42　单变量求解状态对话框

　　求解结束时，目标单元——利润所在单元 B7 的值为 2 000 时，可变单元——单位变动成本所在单元的值为 5.0。

- 选择【确定】按钮，则以计算结果代替原值。

- 选择【取消】按钮，则恢复原值。

　　利润单变量求解工具非常容易倒推出，当利润为 2 000 元时，单位变动成本应降低到 5 元。

　　(2)减少固定成本

- 选择目标单元即利润所在单元 B7。

- 选择【数据】功能区的【模拟运算】→【单变量求解】命令，出现单变量求解对话框。

　　在【目标单元格】中输入 $B$7，即利润单元地址。

　　在【目标值】中输入 2 000，即目标利润。

　　在【可变单元格】中输入固定成本单元地址 $B$6。

- 选择【确定】按钮，进行单变量求解，最后自动得出固定成本应该降低到 2 000 元。

　　(3)提高单价

- 选择目标单元即利润所在单元 B7；

- 选择【数据】功能区的【模拟运算】→【单变量求解】命令，出现单变量求解对话框。

　　在【目标单元格】中输入 $B$7，即利润单元地址。

　　在【目标值】中输入 2 000，即目标利润。

　　在【可变单元格】中输入单价单元地址 $B$3。

- 选择【确定】按钮，进行单变量求解，最后自动得出：当利润为 2 000 元时，单价应该提高 11 元。

　　(4)增加产销量

- 选择目标单元即利润所在单元 B7。

- 选择【数据】功能区的【模拟运算】→【单变量求解】命令，出现单变量求解对话框。

　　在【目标单元格】中输入 $B$7，即利润单元地址。

　　在【目标值】中输入 2 000，即目标利润。

在【可变单元格】中输入销售量单元地址 $B$5。

• 选择【确定】按钮,进行单变量求解,最后自动得出:当利润为 2000 元时,销售量应该提高到 1250 个。

在现实经济生活中,影响利润的诸因素是相互关联的。为了提高产销量,往往需要增加固定成本,与此同时,为了把它们顺利地销售出去,有时又需要降低售价或增加广告费用等固定成本。因此,企业很少采取单项措施来提高利润,而大多采取综合措施以实现目标利润。这就需要反复运用单变量求解工具进行分析和反复平衡。

参考文献

［1］张瑞君,殷建红.计算机财务管理:财务建模方法与技术［M］.5版.北京:中国人民大学出版社,2019.

［2］张瑞君.计算机财务管理［M］.北京:中国人民大学出版社,2001.

［3］王招治.计算机财务管理:以 Excel 为分析工具［M］.北京:人民邮电出版社,2017.

［4］朱庆须.计算机财务管理:Excel 篇［M］.北京:科学出版社,2012.

［5］袁凤林.Excel 在财务管理中的应用［M］.北京:经济管理出版社,2016.

［6］精英资讯.Excel 财务管理从入门到精通(微课视频版)［M］.北京:中国水利水电出版社,2019.

［7］王海林,张玉祥.Excel 财务管理建模与应用［M］.北京:电子工业出版社,2014.

［8］杨增凡,李烨冰.Excel 建模与财务管理［M］.北京:经济科学出版社,2020.

［9］韩良智.Excel 高效财务管理应用之道［M］.修订版.北京:电子工业出版社,2013.